Roy Eugene Davis

Entfalte Dein inneres Potential

Entfalte Dein inneres Potential

Roy Eugene Davis

Titel der Originalausgabe: „THE POTENTIAL IS WITHIN YOU"
Erstausgabe 1982

Ins Deutsche übertragen von Dr. Egbert Richter

© 1984, Verlag CSA, Rosemarie Schneider, D-6380 Bad Homburg

Textauszüge sind mit Quellenangabe und bei Zustellung eines Belegexemplares erlaubt.

Umschlagentwurf: Roland Berthold
Textverarbeitung: Verlag CSA, Rosemarie Schneider
Photosatz und Druck: DS Druckservice GmbH, D-5420 Lahnstein

ISBN 3- 922 779- 10 -7

Inhalt

Vorwort

Wenn das Mitteilen nützlicher Wege die Veränderung der menschlichen Bedingungen herbeiführen könnte, wäre der Planet mittlerweile erleuchtet. Sowohl mündliche als auch schriftliche Information über die wahre Natur des Menschen und sein angeborenes Potential ist seit Jahrtausenden verfügbar. Doch nur wenige, die die Botschaft empfangen, haben Ohren zu hören, und noch wenigere unter diesen aufmerksam Zuhörenden können zum Handeln und Verwirklichen veranlaßt werden. Nur Erfahrung befähigt uns, Information in persönliche Verwirklichung umzuwandeln. So lange Wissen nicht durch Anwendung erfahren wird, so lange ist Information nur eine verfügbare Datensammlung.

In diesem Buch habe ich mich selbst mitgeteilt, und ich habe auch die Methoden und Verfahren weitergegeben, die von allen erfolgreichen Menschen auf diesem Planeten für nützlich gehalten wurden. Woher ich das weiß? Da ich mich selbst kenne und weiß, daß die Natur durch angeborene Prinzipien und Gesetze getragen und fortbestehen wird. Die Natur, das Leben, neigt zum Erwachen, zur Entfaltung, zu schöpferischer Verwirklichung und Erreichen des vorbestimmten Ziels. Wir brauchen uns nur in der Natur umzusehen, um das festzustellen. Natur wird durch eine starke Macht zu Tätigkeit und Wachstum angetrieben, ebenso wie die Seele, unser wahres Wesen und Sein. Wir können versuchen, diesen Drang zu verneinen, aber er wird weiterbestehen. Wir mögen auf vielerlei Weise versuchen, von dem, was offenkundig ist, keine Kenntnis zu nehmen, aber früher oder später werden wir der Wahrheit mutig begegnen müssen. Die *Wahrheit* ist *das, was so ist* in dem, *was ist*. Eine Freundin sagte mir neulich, ihr Universitätsprofessor hätte ihr erklärt, daß diese Definition der Wahrheit zu einfach und unannehmbar sei. Entweder war dieser Professor über die Wahrheit nicht im Bilde, oder er tadelte die Schülerin etwas, damit sie daraus lernen möge. Ich weiß wohl, daß heute viele allzu einfache Verwirklichungsprogramme für Tausende von Männern und Frauen, die Erleuchtung suchen, angeboten

werden. Einige Lehrer auf diesem Gebiet sind selbst spirituell noch
nicht reif. Dies ist keine kritische Herabsetzung und auch kein Versuch, sie für ihre gute Absicht zu tadeln. Gott wirkt auf geheimnis-
volle Weise, um seine Wunder zu vollbringen. Das Leben geht oft
seltsame Wege, um die evolutionäre Absicht zu erfüllen.

Es mag allzu einfach sein, wenn ich behaupte, daß wir am Beginn
eines Zeitalters der Erleuchtung stehen. Ich habe nichts gegen Ver-
einfachung, und ich habe Vertrauen in Gott und den Entwicklungsprozeß. Hier ist nicht der Ort, auf den Streit zwischen Vertretern der
Schöpfungstheorie und der Entwicklungstheorie einzugehen, wo-
nach die Welt entweder durch einen Akt des göttlichen Willens geschaffen wurde, oder sich durch das zufällige Zusammenwirken che-
mischer und mechanischer Faktoren entfaltete. Ich mache keine falschen Zugeständnisse, wenn ich sage, daß beide Ansichten richtig
sind, weil sowohl göttliche wie materielle Energie beteiligt ist. Die
materiellen Energien gehen aus der Ebene des reinen Bewußtseins
hervor. Darum hat die Intelligenz, die die Entfaltung der Welten bewirkt, den gleichen Ursprung wie die Energie, die die Welten schafft.
Wir können sagen, daß Gott alles in allem ist, und wir können sagen,
daß das Universum eine Aneinanderreihung von zusammenhängen-
den Teilen ist, die alle aus einer uranfänglichen Substanz hervorgehen. Unsere Umgebung und alles, was wir erkennen, und worauf wir
uns beziehen, wird durch Energie umgeformt in die Dinge und Formen, die wir sehen, hören, schmecken, fühlen oder riechen. Darum
sage nie, Du wüßtest nicht, wo Gott ist. Die Energie, die aus der
Überseele fließt, Deinem eigenen größeren wahren Selbst, erscheint
in allem, was Du durch die Sinne wahrnimmst. Das wahrnehmende
Ich ist eine Bewußtseinseinheit eines größeren Feldes bewußten Gewahrseins. Man braucht kein Wissenschaftler oder Lehrbeauftragter
zu sein, um die wesentlichen Wirksamkeiten der intelligenten Natur
zu verstehen. Der Beruf, wenn er der richtige ist, ist eine Sache der
Bestimmung. Alle haben die Freiheit, zu forschen und zu entdecken.
Dieses Buch ist für jeden, wie immer auch seine Herkunft oder seine
jetzige Lebensweise sein mögen. Es ist für Dich und für mich, denn
wir teilen gemeinsam die allgemeine Gleichheit und das allgemeine
Ideal in Richtung letztendlicher Vollendung.

Unser Ursprung ist der gleiche, weil wir aus demselben Feld reinen Bewußtseins kamen. Unser Streben ist das gleiche, weil wir von einem allgemeinen Antrieb in Richtung Erkenntnis und Erfüllung getrieben werden. Unser Feld der Erfahrung ist dasselbe, weil wir gemeinsam die Erde bewohnen. Was wahr ist für Dich bei dem letzten Auftritt dieses Spiels des Lebens, ist auch wahr für mich. Ich weiß ein Geheimnis über Dich. Ich weiß, daß Du derselbe bist wie ich, im Zentrum, im Herzen, in der Essenz des Lebens. Weil ich das weiß, kann ich mich Dir aufrichtig mitteilen, während wir gemeinsam unsere Beziehung zum Leben untersuchen.

Roy Eugene Davis
Lakemont, Georgia, USA
5. Januar 1982

Wie wir aus diesem Buch Nutzen ziehen können

Lies den ganzen Text, damit Du mit seiner Botschaft und ihrer Beziehung zu Dir vertraut wirst. Dann lies den Text Kapitel nach Kapitel und fülle die Vordrucke aus. Indem Du Dich mit den Grundsätzen vertraut machst, wirst Du in der Lage sein, notwendige innere Veränderungen vorzunehmen und der Selbstverwirklichung und Erfüllung näherzukommen. Benutze, wenn nötig, ein zusätzliches Notizbuch, um Deine Ziele und Aufgaben niederzuschreiben.

,,*Was ich von allen Hausdächern schreien würde ist dies: Das gute Leben wartet auf uns, hier und jetzt. Genau in diesem Augenblick besitzen wir die notwendigen Techniken, sowohl materiell wie psychisch, um ein erfüllteres und zufriedenstellenderes Leben für jedermann zu schaffen.*"

Burrus Frederic Skinner

,,*Ich war jung, jetzt bin ich alt: niemals habe ich die Gerechten verlassen noch seine Nachkommenschaft betteln gehen sehen.*"

Psalm 37, Vers 25

I

Ist ein Leben ohne Begrenzungen möglich?

Wenn wir ein brauchbares Programm haben wollen, das uns zu Veränderung und Umwandlung führen soll, müssen wir uns in unserem tiefsten Inneren fragen, ob wir wirklich glauben, daß Veränderung und Umwandlung möglich ist. Fragen wir uns jetzt selbst: Ist ein Leben ohne Begrenzungen möglich? Vielleicht können wir uns das im Augenblick nicht vorstellen. Vielleicht können wir uns nur ein Leben vorstellen, in dem es keine Begrenzungen in Form von unüberwindlichen Herausforderungen mehr gibt. Was auch unsere innere Antwort ist, was immer wir glauben und fühlen, dies ist der Ausgangspunkt zu größerer Erfüllung und möglicher vollständiger Selbstverwirklichung.

Wer ganz nach außen gerichtet ist, mag sich einbilden, daß die augenblicklichen Umweltbedingungen einschränkender Art sind, und daß Kräfte jenseits unserer Kontrolle schöpferischen Ausdruck verhindern. Aber ist das wahr? Wie kommt es, daß Frauen und Männer sogar in Zeiten der Herausforderung weiterhin gut zurechtkommen und in der Lage sind, ihre Ziele mit geringstem Aufwand zu bestimmen und zu erreichen? Wer seinen Mangel an Erfolg zu entschuldigen versucht, mag behaupten, die Erziehung sei nicht ausreichend gewesen, er habe kein Glück gehabt oder keine fördernde Umgebung in den prägenden Jahren. Es gibt genug Beweise, die zeigen, daß für denjenigen, der bereit ist, sich zu entscheiden, eine Wahl zu treffen, Mangel an Erziehung und all die anderen Gründe, die man anführen könnte, nur Schutzbehauptungen für den Mißerfolg im Leben sind und für die Unfähigkeit, vernünftigen Gebrauch von den jeweiligen angeborenen Fähigkeiten und Talenten zu machen.

Die Grundsätze des Denkens, Handelns und Vollendens sind für jede vernünftige Person zugänglich und können, da sie Gesetze des

Lebens sind, von jedem angewendet werden, der bereit ist, weise mit
ihnen umzugehen. Die Gesetze der Natur sind exakt. Befolgen wir
sie, geht es uns gut. Mißachten oder mißbrauchen wir sie, versagen
wir. Es ist von entscheidender Bedeutung, daß wir die grundlegenden
Wahrheiten richtig verstehen. Wir haben die Wahl, wie wir unser Leben führen wollen, und wenn wir die Entscheidung entsprechend
treffen, können wir alle notwendigen inneren und äußeren Veränderungen herbeiführen und in Harmonie mit dem natürlichen Fluß der
Natur wirken. Leben erwacht, entfaltet sich, bewegt sich in Richtung
schöpferischer Gestaltung und kommt schließlich zur Vollendung.
Wenn wir mit den natürlichen Neigungen der Natur übereinstimmen, erwachen wir ebenfalls, entfalten uns, bringen uns schöpferisch
zum Ausdruck und erlangen Vollendung. Lao-Tse, der vor tausen-
den von Jahren in China lebte, teilte uns folgende praktische Weisheit mit: „Der Baum, den die Arme kaum umspannen, entstand aus
einem winzigen Sproß. Die weiteste Reise beginnt mit dem ersten
Schritt." Es ist unwichtig, ob jemand seine Reise zu Erleuchtung und
Erfüllung gerade beginnt. Wichtig ist nur, daß wenn er beginnt, er gewiß sein kann, daß er auf dem Weg zur Freiheit ist. Die Freude der
Entdeckung und die Befriedigung über das Erreichte ist für den Anfänger auf dem Wege genau so wirklich wie für jemanden, der mit
den Gesetzen des Gemüts und Bewußtseins über viele Jahre in Harmonie gelebt hat.

Einige, die auf dem Weg zur Erfüllung sind, sind von schwacher
Entschlußkraft, das heißt, sie sind mit geringem Fortschritt in ihrem
Leben zufrieden, durch den sie einen gewissen Grad an Befreiung
von Leid und Begrenzung erfahren können. Andere sind entschlos-
sener und zielbewußter. Vielleicht fühlen sie sich aufgefordert, der
Begrenzung überhaupt ein Ende zu machen, oder sie suchen vielleicht Macht und Einfluß. Es mag auch sein, daß sie durch den rein-
sten Beweggrund überhaupt angetrieben werden, durch das Motiv,
die Wahrheit über das Leben zu erkennen. Es ist unwichtig, warum
man anfängt, denn wer recht entschlossen ist, wird in Kürze eine
Veränderung zum Guten feststellen und Verständnis erlangen.

Es gibt einen hilfreichen Einfluß, der durch die ganze Natur geht.
Das ist der Grund, weshalb das Leben ungeachtet von Chaos oder

zeitweisen Rückschlags wieder in Aktivität umschlägt und der Wachstumsprozeß erneut beginnt. Neues Leben entsteht aus dem alten. Neue Zivilisationen entstehen aus der Asche der vorangegangenen. Wenn wir deutlich verstehen, daß es einen hilfreichen Einfluß in der Natur gibt, können wir vertrauensvoll planen, da wir die evolutionäre Kraft des Universums hinter uns haben, wenn wir mit den Grundsätzen und Prozessen, die dem Leben innewohnen, in Übereinstimmung sind.

Wenn ich das Ideal der Verwirklichung und Erfüllung hervorhebe, dann tue ich das in dem Wissen, daß wir nicht nur die Gelegenheit haben, Verwirklichung und Erfüllung zu erreichen, sondern auch die Pflicht. Da wir die Welt mit anderen Menschen teilen, können wir, je größer unsere Freiheit ist, umso mehr auch in nützlicher Weise zum allgemeinen Wohl beitragen. Wir werden bis zu einem gewissen Grad von unserer Umwelt beeinflußt, und wir beeinflussen umgekehrt auch unsere Umwelt durch unseren Bewußtseinsstand, unsere mentale Einstellung, unseren allgemeinen Gesundheitszustand und unser Wohlbefinden. Die Entwicklung tendiert heute in Richtung Verbesserung und Harmonie der Welt. Daher ist es heute leichter denn je zuvor, von bekannten Grundsätzen Gebrauch zu machen und Erfüllung zu erfahren.

Oft wird die Frage gestellt: „Wenn alle einigermaßen intelligenten Leute die Fähigkeit besitzen, frei, gesund, funktionsfähig und wohlhabend zu sein, warum spiegeln dann so viele in der Welt diese Bedingungen nicht wider?" Es gibt Millionen von Menschen, die nichts Besseres wissen, als so zu leben, wie sie leben. Dann gibt es weitere Millionen, die zwar wissen, wie sie besser leben könnten, aber nicht den Wunsch danach haben, oder, wenn sie den Wunsch haben, so haben sie doch nicht die Willenskraft, positive Schritte in Richtung auf die Erfüllung zu unternehmen. Da wir Mitleid haben, gehen unsere Gedanken zu denen, die weniger vom Glück begünstigt sind als wir, und wir wünschen ihnen ein besseres Leben. Wir können unseren Teil durch Erziehung derjenigen beitragen, die für eine solche Erziehung offen sind, und wir können ein Beispiel geben, indem wir unsere eigene Erleuchtung und Freiheit verwirklichen. Wenn ein Mensch einigermaßen bewußt ist und den Willen hat weiterzukom-

men, kann er sich entfalten, wenn er sich dafür entscheidet, und die
Vervollkommnung seines angeborenen Potentials erreichen. Einige
werden mit einer guten Gesundheit und mit einem gesunden Nervensystem geboren, für sie sind die Möglichkeiten fast unbegrenzt.
Die, die nicht vollkommen gesund und nicht voll funktionsfähig
sind, können sich zumindest bis an die Grenze ihrer Möglichkeiten
entwickeln. Da der Körper der Veränderung unterliegt, können wir,
wenn wir die bekannten Grundsätze beachten, die Lebenskraft dazu
bringen, uns zu heilen und den physischen Körper und das Nervensystem zu erneuern. Sollte es Konflikte im Gefühlsbereich geben,
können diese gelöst werden. Sollte es mentale Einschränkungen geben, können diese im mentalen Bereich beseitigt werden. Kein
Mensch sollte sich geschlagen fühlen, solange er einen gewissen
Grad an bewußtem Gewahrsein und Willenskraft hat, sich zu entfalten und auf Vollendung zuzubewegen.

Wir müssen uns darüber klar sein, daß es hauptsächlich auf den
Willen ankommt, das Erforderliche in Richtung auf Veränderung
und Umwandlung zu tun. Aber auch der Wille allein genügt nicht,
wenn wir für eine Veränderung nicht bereit sind. Sobald uns der
Strom des Erfolgs erfaßt hat, nehmen wir die Veränderung oftmals
vorweg, weil wir auf weitere Entfaltung bedacht sind. Sind wir auf der
Ebene des Verursachens tätig ohne die wahre Bereitschaft zur Veränderung, erleben wir Frustration und Konflikt. Wir haben oft Angst
vor Veränderung, weil wir uns an unsere gegenwärtigen Verhältnisse
gewöhnt haben. Manchmal haben wir Angst vor dem Unbekannten,
und es kann sein, daß wir uns in eine Verteidigungsstellung zurückziehen, wenn wir angesprochen oder herausgefordert werden.

Der Wunsch, die angeborene Veranlagung zu entfalten

. Jedes Lebewesen hat das Bedürfnis, glücklich und frei von
Schmerz und Begrenzung zu sein. Dies gilt vom Pflanzenreich bis hin
zum Menschen. Nur ein Kranker neigt zu Unbewußtheit und Tod.
Daher ist unser Lebenswille ein Zeichen unserer Gesundheit und ein
Beweis, daß wir unser angeborenes Potential entfalten können. Der

Mensch will nicht nur gesund und glücklich, sondern so bewußt wie möglich sein, um seiner selbst und der Welt gewahr zu werden. Es gibt einige Menschen, die zwar einigermaßen glücklich und frei sind, aber nicht so bewußt, wie sie sein könnten. Sie sind einigermaßen bewußt, aber sie gehen nicht bis an die Grenzen ihrer Möglichkeiten, oder sie sind bis zu einem gewissen Grad durch ihre Einstellungen und ihre Überzeugungen begrenzt, die sie an die ihnen bekannten Aktivitätsbereiche und Beziehungen binden. Um glücklich und bewußt zu sein, muß man gesund und funktionsfähig sein. Mangel an Gesundheit und Leistungsfähigkeit schränkt ein und verhindert weiteres Wachstum. Der Mensch ist von Natur aus begierig, über sich selbst, über andere und über die ihn umgebende Welt möglichst viel zu wissen. Diese Wißbegierde führt ihn zu Fragen wie: „Wer bin ich?", „Warum bin ich hier?", „Was ist der Sinn des Lebens?" Dieser Impuls, nach dem Wesen aller Dinge zu forschen, unterscheidet den Menschen von allen anderen Wesen. Dieser Drang, die Natur des Bewußtseins zu erforschen, befähigt den Menschen, in die Räume des mentalen Bereichs einzudringen und seine wahre Natur zu erkennen, sein spirituelles Wesen. Auch ein Mensch, der nicht religiös im traditionellen Sinn ist, möchte wissen, wer er ist, und was ihm und anderen die Zukunft bringt. Ein gesunder Mensch hat eine mitleidsvolle Natur. Wir nehmen Anteil an anderen Menschen. Wir nehmen Anteil an Lebewesen. Wir möchten ihnen helfen, ihren Daseinszweck zu erfüllen. Wenn unser Mitleidsempfinden zu stark ist, versuchen wir oftmals, anderen soweit zu helfen, daß wir die Verantwortung für ihr Leben auf uns nehmen. Indem wir das tun, nehmen wir ihnen die Gelegenheit, selbst zu lernen und zu wachsen.

Mit jedem Schritt zur Selbstverwirklichung nehmen wir neue Verantwortungen auf uns. Wir müssen darauf achten, daß wir unsere Fähigkeiten weise einsetzen in bezug auf die Bedürfnisse anderer und auf das, was für unsere eigene Gesundheit und Erfüllung hilfreich ist. Die Grundsätze des Denkens und Handelns stehen allen Menschen zur Verfügung, ungeachtet ihrer persönlichen Motive und ihrer moralischen Haltung. Wenn aber ein Mensch eingestimmt ist auf den ganzen Prozeß der Selbstverwirklichung, wird er klarer in seinem Denken, ehrlicher und bewußter gegenüber der Notwendigkeit zum

Handeln, wodurch er nicht nur zu seiner eigenen Vervollkommnung beiträgt, sondern zu der aller Menschen, mit denen er in Gedanken und durch Handlungen in Berührung kommt. Wenn wir das Wohl der anderen mißachten, wenn wir manipulieren und kontrollieren wollen, wenn wir aus einer nur materialistischen Grundhaltung handeln, werden wir bald in Konflikte kommen und das Ideal der Zufriedenstellung und Erfüllung nicht erreichen.

Denke daran, Du wurdest mit dem inneren Drang geboren zu erwachen, Dich zu entfalten, Dich zum Ausdruck zu bringen und Erfüllung zu finden. Der Genius wohnt in jedem Menschen und muß nur freigesetzt werden. Henry David Thoreau schrieb: „Ich weiß nichts Ermutigenderes als die unbezweifelbare Fähigkeit des Menschen, sich durch bewußtes Streben höherzuentwickeln." Und Ralph Waldo Emerson schrieb: „Alles in der Natur enthält alle Kräfte der Natur. Alles ist aus einem verborgenen Stoff geschaffen." Wir haben diese Gedanken als Kinder gehört und sie vielleicht vergessen. Vielleicht waren wir in der Jugend nicht in der Lage, die Bedeutung der Worte zu erfassen, oder ihre Inspiration ging wieder unter dem Druck anderer Dinge verloren. Haben wir nicht alle Augenblicke gehabt, in denen wir um unsere wahre Größe wußten? Haben wir nicht alle diese offenbarenden Augenblicke gehabt, in denen wir die Wahrheit über uns selbst unmittelbar wahrnahmen? In unseren ruhigen Momenten, wenn wir nicht in traditionellen Denkweisen stecken, sind wir unserer eigenen Unsterblichkeit und des Versprechens, das uns das Leben gegeben hat, gewiß. Wir wissen, daß die Empfängnis nicht unser Beginn war, und es nicht unser Ende ist, wenn der Körper nicht mehr fähig ist, unsere Bedürfnisse zu stillen. Haben wir nicht alle schon Augenblicke gehabt, in denen wir wußten, daß unsere Zukunft vollkommen erfreulich sein könnte, wenn wir nur den Schlüssel hätten, um bestimmte Bereiche des Gemüts zu öffnen, die irgendwie verschlossen zu sein scheinen?

Erste Schritte auf dem Weg zur Erfüllung

Sind wir willens, alle Gedanken, Gefühle und Verhaltensweisen aufzugeben, die nicht der Verwirklichung unseres erwählten Zieles dienen? Denke in einer Weise, die nützlich und weiterführend ist, im Gegensatz zu einer Weise, die unnütz und nicht weiterführend ist. Was werden wir erreichen, wenn wir in der gleichen Weise fortfahren? Und was werden wir dagegen als Belohnung erfahren, wenn wir die Art und Weise unseres Denkens, Fühlens und Verhaltens ändern? Es gibt einen einfachen Grundsatz, so alt wie der erste bewußte Gedanke des Menschens und so neu wie der Augenblick: *,,Wenn ich tue, was ich weiß, das ich tun sollte, um meine Ziele zu erreichen, kann mir nichts mißlingen.''* Wiederhole diesen Satz einige Male, bis er Wirklichkeit für Dich geworden ist. Benutze Deine Vorstellungskraft, um Dir auszumalen, wie das Leben sein kann, wie befriedigend die Zukunft sein kann, wenn Du als der Mensch tätig wirst, zu dem Du bestimmt bist. Vielleicht hast Du Freunde und nahe Verwandte, die Deine Träume nicht teilen. Wenn Du sie mit Deiner neuen Lebenseinstellung ermutigen kannst, dann teile sie ihnen mit. Sollten sie kein Interesse haben, dann behalte Dein Innenleben für Dich. Wenn nötig, wechsle Deine Beziehungen.

Denke, fühle und verhalte Dich wie ein verwirklichter Mensch und Du wirst bald derjenige sein, der Du sein willst. Du wirst die Talente, Fähigkeiten und inneren Kräfte hervorrufen, durch die Du Dein inneres Potential entfaltest. Die Macht des Universums steht hinter uns, weil wir Bewußtseinseinheiten sind, die sich durch Zeit und Raum bewegen und zu einem Universum in Beziehung stehen, das aus Energie besteht. Lerne Denken, Fühlen und Handeln in Übereinstimmung zu bringen, denn diese Erfahrungsbereiche sind miteinander verbunden. Stelle Dir das denkende und fühlende Gemüt, den Körper und das Verhalten als Einheit vor. Lebe als eine vollkommene Einheit, so gut Du es vermagst. Millionen haben sich um positives Denken bemüht und versagt. Andere haben die Bedeutung positiver Gefühle erkannt, sind jedoch in ihrer mentalen Einstellung negativ geblieben. Wieder andere haben zwar gelernt, positiv zu denken und zu fühlen, aber sie haben nicht gelernt, in nützlicher Weise zu handeln. Alles arbeitet für uns, wenn wir wirklich fähig sind: wenn wir klar denken, uns sicher fühlen und klug in Beziehungen treten. Um erfolgreich in unseren Unternehmungen zu sein, müssen wir uns des Erfolgs für würdig fühlen. Angst vor dem Erfolg kann unsere Anstrengungen vereiteln, ohne Rücksicht darauf, wie sehr wir uns bemühen, die anderen Grundsätze anzuwenden. Das Gefühl, unwürdig zu sein, kann die Tür zur Erfüllung zuschlagen. Für viele Leser wird eine genaue Selbstprüfung erforderlich sein, damit sie sich über Strukturen ihres Denkens, Fühlens und Handelns klar werden, die sich seit langer Zeit in den tieferen Bereichen des Gemüts und Körpers eingenistet haben. Wir sind nicht verdammt, weil wir diesen Strukturen verhaftet waren, denn wir stehen über dem Gemüt und Körper und Veränderung ist erfahrbar.

Hast Du vergessen, wie es war, als Du jünger warst und Entdeckung noch ein Erlebnis war? Bist Du in eine Routine hineingeraten, die nicht hilfreich ist? Hast Du Dinge getan, die Du nicht tun solltest und solche, die getan werden sollten, ungetan gelassen? So geht es oft im menschlichen Leben, aber es muß nicht so weitergehen, wenn Du Dich in diesem Augenblick anders entscheidest.

Entwickle ideale Einstellungen, persönliche Eigenschaften und Gewandtheit in Beziehungen. Sei eine Verkörperung der Tugenden. Lies über erfolgreiche Menschen, stelle eine innere Beziehung zu ihnen her, entwirf einen Plan für verantwortliches Tun und spüre die Veränderung und Umwandlung. Wir können lernen, unsere gedankliche Einstellung zu berichtigen. Wir können ideale persönliche Eigenschaften entwickeln. Wir können Fertigkeiten erwerben, die uns ermöglichen, zu anderen Menschen in Beziehung zu treten wie auch zum Leben selbst. Deine Denkgewohnheiten werden sich günstig verändern, sobald Du für Deine mentale Einstellung, Selbstgespräche, Gespräche mit anderen und Deine Vorstellungen Verantwortung übernimmst. In Deinen Einstellungen und Beziehungen sollte sich das höchste Ideal, das Du Dir vorstellen kannst, widerspiegeln. Wenn Du nicht den Gewinn eines Vorbildes in Deinem Leben hattest, dann öffne die Fenster Deines Gemüts, um andere Menschen zu finden, sei es in einer persönlichen Beziehung, sei es durch Bücher oder Zeitschriften, die die Ideale zu verkörpern scheinen, die Du erreichen willst. Es ist gut für uns, wenn wir Menschen sehen, die bereits tun, was wir tun wollen, und die ihr Potential entfaltet haben.

Sobald Zweifel aufkommen oder Du Dich unsicher fühlst, wende Dich nach innen und erinnere Dich daran, daß Du eine Bewußtseinseinheit bist und über alle Kräfte der Natur in Deinem Innern verfügst. Lasse Dich nicht von negativer Unterhaltung, negativen Geschichten und Berichten in den Medien oder durch zeitweilige Erfolglosigkeit beeinflussen. Nur indem wir standhaft bleiben, erreichen wir zu gegebener Zeit den Sieg und können durch unser eigenes Leben die Lehren der verwirklichten Männer und Frauen bestätigen, die uns vorangegangen sind.

Viele unserer Denk- und Verhaltensstrukturen haben wir von anderen Menschen übernommen, die wir beobachtet haben, in dem Bestreben, es mit unserer Umwelt aufzunehmen. Durch Beobachten der Handlungsweise anderer Menschen, haben wir vielleicht entschieden: So verhalten sich die Menschen, so muß ich mich auch verhalten. In Bezug auf den Lebenskampf sind wir geneigt, solange wir nicht besser wissen oder handeln können, uns in der Weise zu benehmen, die unser Überleben ermöglicht. Wir lernen, was unsere Beziehungen fördert und handeln entsprechend. Wenn wir jedoch nur in Beziehung stehen zu nichtverwirklichten Personen, werden unsere Beziehungen nicht optimal sein. Wir überleben, wir kommen zurecht, aber wir entfalten nicht unsere schöpferischen und dynamischen Fähigkeiten. Während wir mit diesem Programm voranschreiten, werden wir die Methoden und Verfahrensweisen noch genauer untersuchen, durch die wir die Strukturen, mit denen wir uns selbst behindern, ausmerzen können.

Die Werte in unserem Leben spiegeln die Prioritäten wider, die wir setzen, und die Bedingungen unserer Umgebung. Was ist wichtig für Dich? In welchem Zustand befindet sich Deine unmittelbare und Deine erweiterte Umgebung? Unsere persönliche Umgebung ist Ausdruck unserer Selbsteinschätzung und dem, was wir für wert halten, daß wir es kennenlernen. Um ein oft gebrauchtes Sprichwort zu umschreiben: „Nenne mir Deine Freunde, und ich sage Dir, wer Du bist." Die Beziehungen, die wir herstellen, die Umgebung, die wir vorziehen, die Lebensweise, in der wir uns zum Ausdruck bringen, und alle unsere Gewohnheiten spiegeln unseren Gemüts- und Bewußtseinszustand wider. Manche Menschen ziehen hilfreiche Beziehungen vor, andere solche, die zu Konflikten führen. Manche Menschen bevorzugen Ordnung und Harmonie, andere Unordnung und Disharmonie. Manche bevorzugen Überfluß, andere halten es für besser, an der Grenze der Armut zu leben oder gerade auszukommen. Was wir bevorzugen, spiegelt unseren inneren Zustand wider. Wenn die Außenwelt, unsere persönliche Außenwelt, nicht unseren Vorstellungen entspricht, haben wir die Freiheit, unsere inneren Einstellungen und Entscheidungen zu ändern. Doch wie erfolgreich wir in der Welt der Sinneswahrnehmung (in der materiellen Welt) auch sein mögen, wenn wir nicht spirituell erwachen, werden wir niemals wahre Erfüllung erfahren. Der Glaube, den wir gewählt haben, ist unsere persönliche Angelegenheit, ebenso wie die religiöse Tradition, an die wir uns angeschlossen haben. Selbst wer sich nicht entschließen kann, sich an einen traditionellen Glauben zu binden, wird doch das innere Bedürfnis spüren, befriedigende Antworten auf Fragen nach dem Sinn des Lebens zu finden.

Im Verlauf dieses Programms werden wir alle Aspekte des Lebens betrachten und untersuchen. Um selbstverwirklicht zu sein, müssen wir wissen, wer wir sind, und wir müssen in jedem Aspekt des Lebens frei werden. Wenn wir unsere angeborenen Fähigkeiten entfalten, werden wir alle Wege und Übungen schätzen lernen, die für das menschliche Leben vorteilhaft sind. Untersuchen wir zunächst die sechs Bereiche genauer, die uns in ausgewogener Weise der wahren Erfüllung näherbringen.

1. *Spirituelle Gesundheit* – Man kann im materiellen Bereich Erfolg haben, doch im spirituellen Bereich verarmen. Andererseits: Wer spirituell gesund ist, erlebt Erleuchtung in allen Lebensbereichen. Wo Krankheit oder Einschränkung herrscht, dort kann man der Notwendigkeit spirituellen Erwachens und eines tieferen Verstehens der Gesetze des Lebens sicher sein. Es ist kein Zufall, daß in den heilenden Berufen die Ansicht immer stärker vertreten wird, daß Geist, Gemüt, Körper und Beziehungen berücksichtigt werden müssen, wenn vollständige Heilung erreicht werden soll.

2. *Mentale Gesundheit und Schöpferkraft* sind lebenswichtige Voraussetzungen. Das Gemüt ist ein schöpferisches Medium, ein Instrument, durch das wir zu unserer Welt und dem größeren Universum in Beziehung treten. Wir erkennen die Welt durch das Gemüt, das wir benutzen. Wenn wir durch die Strukturen im mentalen Bereich eingeschränkt werden, ist es beinahe unvermeidlich, daß wir krank werden und unsere Leistungsfähigkeit beeinträchtigt wird.

3. *Emotionale Ausgeglichenheit und Gelassenheit* sind das Ideal. Ist es möglich, emotionales Wohlbefinden zu erfahren? Ja, wir können emotionales Wohlbefinden erfahren und ohne Konflikte leben, wenn wir Einsicht besitzen und bereit sind, mit uns selbst in bezug auf Ereignisse und Umstände, Vergangenheit, Gegenwart und Zukunft umzugehen.

4. *Physische Gesundheit und Vitalität* sind das Ideal, wenn wir in unserer jetzigen Welt frei und funktionsfähig sein wollen. Es gibt einen angeborenen Drang zu Gesundheit und Vitalität, und wenn wir uns diesem Drang überlassen, erfahren wir auf natürliche Weise einen Zustand der Gesundheit.

5. *Offene und hilfreiche Beziehungen* sind offenkundiger Ausdruck von geistiger, mentaler, emotinaler und körperlicher Gesundheit. Es ist unwichtig, wie gesund jemand erscheint. Wer nicht in der Lage ist, offene und hilfreiche Beziehungen mit anderen Menschen einzugehen, hat ein Problem auf tieferer Ebene.

6. *Wirtschaftliche Freiheit* ist nötig, um auf schöpferischem Gebiet frei zu sein. Unsere Bedürfnisse und Wünsche wechseln, wenn wir jedoch ohne Mühe tun können, wozu wir Lust haben, und wenn wir in der Lage sind, vorhandene Mittel in intelligenter und ehrlicher Weise zu verwenden und nutzbar zu machen, sind wir wirtschaftlich frei. In allen Bereichen des Lebens zu gedeihen ist das Ideal.

Worin besteht Deine wirkliche Welt?

Was Du wahrnimmst und als wahr akzeptierst, das ist Deine wirkliche Welt. Deine Ansicht über Deine Welt wird bestimmt durch das Bild in Deinem Innern, das Du Dir von der Welt gemacht hast. Wir neigen dazu, das zu sehen, was wir annehmen, anstatt deutlich zu erkennen, was uns wirklich gegenübersteht.

Die Annahme einer persönlichen Wirklichkeit der Welt ist so alt wie die *Veda,* die früheste Sammlung persönlicher Offenbarung, die die Welt kennt, und ist heute noch immer genauso verbreitet. Dr. William Glasser, der durch sein Buch „Reality Therapy" sicher sehr bekannt ist, schrieb kürzlich zusammen mit William T. Powers ein Buch über das Thema, wie Lebewesen Kontrolle über das erringen, was ihnen widerfährt. Im wesentlichen besagt Dr. Glasser's Theorie, daß Wesen Grundbedürfnisse haben und dazu neigen, von ihren Wahrnehmungen die auszuwählen, die ihre Bedürfnisse stillen. Wenn Du das nächste Mal jemanden, der sich sonst gut verhält, in einer von Deinem Standpunkt aus gesehen befremdenden Weise handeln siehst, dann denke daran, daß er vielleicht versucht, seine Bedürfnisse auf eine Weise zu befriedigen, die ihm als die beste scheint. Wenn wir nicht völlig durcheinander sind, tun wir niemals etwas, was nicht in irgendeiner Weise belohnt wird.

Ein zielorientierter Mensch wird eine günstige Gelegenheit in fast jeder Lage entdecken, während ein Mensch, der von Strukturen beeinflußt wird, durch die er sich selbst behindert, nur das in seiner Umgebung sieht, wodurch er keinen Erfolg hat. Wir waren alle schon einmal verwundert darüber, wie es möglich ist, daß ein Mensch, der über gute Grundlagen und eine anziehende Persönlichkeit verfügt, das Naheliegende nicht erkennt, auch wenn er darauf hingewiesen wird. Wie kommt es, so fragen wir uns, daß einige Leute fast immer die Nieten ziehen, auch wenn der Topf voller Gewinne ist? Wie kommt es, daß einige Leute immer Unglück zu haben scheinen, während ihre Freunde von den Göttern des Glücks begünstigt werden?

Wir können günstige Ereignisse aufzählen oder uns über ungünstige Umstände beklagen. Wir können Lösungen oder Probleme sehen. Wir können Antworten erfahren oder durch Fragen verwirrt bleiben. Was wir im Leben sehen, wird bestimmt durch unseren Grad an bewußtem Gewahrsein und durch das, was wir sehen wollen, wenn wir etwas anschauen und erforschen. Es stimmt, daß sich in unserer erweiterten Umgebung Menschen in scheinbar unüberwindlichen Verhältnissen befinden. Es gibt die Armen, die Kranken, die, die zu jung sind, um besser zu verstehen und die, die zu alt oder unfähig sind, sich noch selbst zu versorgen. Doch auch ein völlig verarmter Mensch kann von Armut zu Überfluß kommen, wenn er Mut zum Träumen hat und den Willen, weiterzukommen. Wenn wir einigermaßen intelligent und bereit sind, Verantwortung zu übernehmen, brauchen wir keine einschränkenden Bedingungen hinzunehmen, denn die Umgebung, in der wir leben, unterliegt der Veränderung. Unsere persönliche Welt, die für uns wirkliche Welt, bestimmen wir selbst.

Wenn Du die Erleuchtung innerlich als Dein Recht und Deine Erfahrung akzeptieren kannst, wirst Du in Kürze erleuchtet sein. Wenn Du innerlich mentale Gesundheit und Schaffenskraft als Deine Natur akzeptieren kannst, wird Dein denkendes Gemüt in Kürze in Ordnung sein. Wenn Du Frieden und Ausgeglichenheit des Gemüts als ideal akzeptieren kannst, wirst Du in Kürze in Deinem emotionalen Gemütsbereich gefestigt sein. Wenn Du körperliche Gesundheit und Vitalität als naturgemäß akzeptieren kannst, wirst Du bald gesund und kräftig sein. Wenn Du hilfreiche und liebevolle Beziehungen akzeptieren kannst, wirst Du unterstützt und wirklich geliebt werden. Wenn Du wirtschaftliche Freiheit annehmen kannst, wirst Du in Kürze weiterkommen, auf welchem Gebiet auch immer. Es kann gar nicht anders sein, denn dies ist die Art und Weise, in der das denkende und fühlende Gemüt arbeitet, und dies ist die Art und Weise, auf die die Gesetze des Lebens ansprechen.

MERKE:

1. Die Gesetze des Lebens können von jedem angewendet werden.
2. Sei zielgerichtet in Deiner Absicht, Dich zu entfalten und zum Ausdruck zu bringen.
3. Wir haben die Gelegenheit und die Pflicht zur Selbstverwirklichung.
4. Sei bereit, alles Notwendige zu tun, um Veränderung und Umwandlung möglich zu machen.
5. Du wurdest mit dem innewohnenden Drang geboren, zu erwachen, Dich zu entfalten, Dich zum Ausdruck zu bringen und Erfüllung zu erleben.
6. Denke, fühle und verhalte Dich wie ein verwirklichter Mensch, und Du wirst in Kürze der sein, der Du sein möchtest.
7. Entwickle ideale Einstellungen, persönliche Eigenschaften und Gewandtheit in Beziehungen. Sei eine Verkörperung der Tugenden.

Alle Dinge sind möglich
Formblatt für persönliche Planungen

Benutze diese Seite (und einen zusätzlichen Notizblock, wenn nötig), um Deine geheimsten Wünsche für Dich und andere niederzuschreiben. Sei Dir währenddessen bewußt, daß die Kräfte des Universums hinter Dir stehen, durch Dich fließen und Dich umgeben.

Richtlinien zur Verwirklichung

Erkenne die Kraft an, die durch das Universum fließt. Erkenne die Wahrheit an, daß Du mit einem angeborenen Potential versehen bist. Von diesem Augenblick an, erkenne Dein wahres Wesen an. Sei in Selbstachtung verankert, denn Du bist hier für einen einzigartigen, besonderen Zweck. Du bist hier, um das Leben des Universums zu verherrlichen. Du bist hier, um zu lernen, den Weltprozeß zu verstehen, und Deine Bestimmung in Harmonie mit dem größeren Leben zu erfüllen.

Akzeptiere das Ideal, daß Du dazu bestimmt bist, ein Leben ohne Begrenzungen und Einschränkungen zu führen. Sei entschlossen, niemals etwas Geringeres als Ganzheit und Erfüllung hinzunehmen.

Zur Betrachtung und Verwirklichung:

,,Ich bin geboren, um die Fülle des Lebens zum Ausdruck zu bringen. Ich bin auf diese Welt gekommen, um aus dem Traum der Sterblichkeit zu erwachen und mein angeborenes Potential vollkommen zu verwirklichen. Mit Gottes Hilfe kann ich alles tun, um vollbewußt und funktionsfähig zu sein. Ich bin dankbar für diese Gelegenheit."

Notizen für Pläne und Projekte

,,In allen meinen Vorlesungen habe ich eine große Wahrheit gelehrt – die Unendlichkeit des Einzelnen, die ständige Verfügbarkeit der göttlichen Gegenwart für jedermann in seinem eigenen Innern, aus deren Gegenwart, wann immer nötig, er unerschöpfliche Kraft ziehen kann.''

Ralph Waldo Emerson

,,Führe mich vom Unwirklichen zum Wirklichen; aus der Finsternis ins Licht; vom Tod zur Unsterblichkeit.''

Brihadaranayaka Upanishad

II

Erleuchtung ist unser natürlicher Zustand

Erleuchtung gehört zur Natur des Menschen, denn sie entsteht nicht, sie wird verwirklicht. Wenn Erleuchtung ein Zustand wäre, der entsteht oder verursacht wird, wäre sie nicht von Dauer, nachdem sie erfahren worden ist. Da die Ursachen über den Wirkungen stehen, würde die Erleuchtung, wenn sie verursacht würde, unter der Ursache stehen, die sie hervorgebracht hat. Im innersten Wesen bist Du bereits erleuchtet. Du warst erleuchtet, Du bist erleuchtet, und Du wirst in alle Zukunft erleuchtet sein. Im Grunde Deines Wesens bist Du reines Gewahrsein. Nur wenn wir uns mit unseren mentalen Strukturen und emotionalen und physischen Situationen identifizieren, vergessen wir unser wahres Wesen. Es ist möglich, so bewußt zu sein, daß wir auf allen Ebenen uns immer selbst gewahr sind, ohne das Gewahrsein unserer unveränderlichen Wesensnatur zu verlieren.

Ein erleuchteter Mensch weiß nicht Bescheid über alles, was im Universum vorgeht, aber er kann es, wenn er es will, unmittelbar erkennen oder die notwendigen Informationen heranziehen. Das Universum ist offen für den Erleuchteten. Aus relativer Sicht scheint es, als wenn es verschiedene Grade der Erleuchtung gäbe, insofern als das innere Verstehen durch die Konflikte auf mentaler Ebene und im emotionalen Bereich mehr oder weniger verschleiert oder verdunkelt ist. Doch hinter allen Konflikten bleibt jenes unerschütterliche Wissen, das niemals verändert oder getrübt wird.

Unwissenheit ist vorübergehend, denn jeder Mensch wird früher oder später zum Gewahrsein der Wahrheit seines Wesens in Beziehung zu dem größeren Feld des Lebens erwachen. Allein schon das Vorhandensein des Wissensdranges, die Wahrheit über das Leben zu erkennen, ist ein Beweis des inneren Gewahrseins. Wir würden gar nicht den Wunsch nach vollem Gewahrsein haben, wenn uns nicht das innere Gewahrsein zu vollständigem Wissen antreiben würde. Der Weg zur Erleuchtung ist der Weg des Erwachens, und es gibt einige Dinge, die wir zur Manifestation beitragen können. Das Verlangen nach Wissen ist eine machtvolle und zwingende Kraft, die alle Hindernisse zur Erkenntnis beseitigen kann. Auch gibt es einige praktische Dinge, die wir tun können. Wir können alles in unserer Macht Stehende tun, damit wir gesund sind und auf allen Ebenen gut zurecht kommen. Wir können uns an die Gesetze eines natürlichen Lebens halten, soweit uns diese Gesetze bekannt sind. Wir haben alle schon in einem Augenblick der Entdeckung ausgerufen: „Hätte ich das doch schon früher gewußt." Aber was vergangen ist, ist vergangen. Wir müssen in dem Augenblick der Entdeckung oder Einsicht beginnen, neue Informationen zum größtmöglichen Vorteil anzuwenden. Systeme, Methoden, Verfahrensweisen ändern sich und sind zahlreich. Wichtig ist, daß wir uns der Methoden und Verfahrensweisen bedienen, die für unsere Ziele nützlich sind, und daß wir erkennen, daß sie nichts als Werkzeuge sind, die wir einsetzen. Wenn eine Arbeit beendet ist, legen wir die Werkzeuge beiseite. Wenn Erleuchtung erreicht ist, leben wir automatisch in Übereinstimmung mit dem Strom der Natur und tun spontan, was richtig und den Umständen angemessen ist. Die Befolgung von Regeln und Richtlinien kann nicht Erleuchtung hervorrufen, aber sie kann helfen, Gesundheit und eine stabile Gemütsverfassung für ein verwirklichtes Leben herzustellen.

Deine innere Intelligenz ist der wahre Lehrer

Im Inneren eines jeden Wesens liegt die Intelligenz des Lebens, mit dem alle Lebewesen begabt sind. Pflanzen und Tiere haben diese angeborene Intelligenz, das ihr Leben zu der ihnen entsprechenden Erfüllung führt. Im Menschen kann diese Intelligenz in einem weit größeren Maße enthüllt werden, so daß er, wenn er dazu bereit ist, sein Verhalten und seine Umgebung verändern und bis zu den Sternen vordringen kann. Er kann auch in die inneren Bereiche seines Gemüts eindringen und die Tiefen des Bewußtseins erforschen.

Unsere innere Intelligenz veranlaßt uns, nach Antworten zu suchen, nach Lösungen zu fragen, nach Meisterschaft zu streben, und uns nach der Gesellschaft derjenigen zu sehnen, die erleuchteter sind als wir, um vollkommen zu werden, wie es uns bestimmt ist. Die Richtlinien für den, der auf der Suche nach Erleuchtung ist, sind wenige und einfach, sie sind universal und gelten für alle Männer und Frauen, die sich nach Erweckung und Erfüllung sehnen.

1. *Innere und äußere Reinheit* – Wer ein reines Leben führt, befreit sich von allen Dingen, die die höheren Ziele beflecken könnten oder ihnen im Wege stehen. Die Beseitigung innerer und äußerer Einschränkungen kann der erste Schritt auf dem Weg zur Selbsterkenntnis und zum freien Ausdruck sein. In den folgenden Kapiteln gehen wir auf die Einzelheiten ein, die die Voraussetzungen schaffen, Reinheit zu verwirklichen.

2. *Bewußte Selbstdisziplin* – Sobald wir einen bestimmten Grad des Verstehens erreicht haben, ist es uns überlassen zu entscheiden, positives zu tun für den Lebensbereich, der überprüft und verbessert werden muß. Es liegt an uns, das zu tun, was getan werden muß und das zu vermeiden,was unseren höheren Absichten nicht dienlich ist. Wir können uns selbst kontrollieren, so daß wir unsere Zeit und Energie sinnvoll einteilen und die verfügbaren Werkzeuge sinnvoll einsetzen. Wir können uns darin üben, unerwünschte Strukturen im mentalen Bereich zu klären. Wir können wählen, uns emotional wohlzufühlen. Wir können uns auf ein Leben in Harmonie mit der Natur einstellen und offen sein für ein Leben in schöpferischer Entfaltung und Erfüllung. Wir können Erforderliches tun, wenn wir uns dafür entscheiden, um uns in ein erleuchteteres und selbstverwirklichteres Leben zu begeben.

3. *Sorgfältige Erforschung der Gesetze des Lebens* – Viele Menschen vergeuden Zeit und Energie, weil sie die grundlegenden Prinzipien nicht erlernt haben, die zu Erfolg und Funktionsfähigkeit beitragen. Wir haben Informationen durch Bücher und andere Quellen von denjenigen, die vor uns den Weg gegangen sind. Wesentlich ist, daß wir ihre Schriften erforschen, und uns dieses Wissen durch persönliche Erfahrung zu eigen machen.

4. *Aufgabe des Gefühls des Getrenntseins (Ego)* – Das Gefühl des Getrenntseins ist das falsche Seins-Empfinden. Wir meinen dann: „Ich bin ein abgesondertes Wesen." Dies ist ein Irrtum, denn wir sind Einheiten eines größeren Bewußtseinsbereiches. Dieser grundlegende Irrtum der Wahrnehmung ist die Wurzel der meisten unserer Probleme. Indem wir leben, erfahren und lernen, erwachen wir zu dem Gewahrsein eines umfassenderen Lebens und zu der Erkenntnis, daß wir nur Wellen auf dem Ozean kosmischen Bewußtseins sind. Während wir uns Ziele setzen und einen Lebensplan entwerfen, ist es gut, wenn wir uns fragen: „Was will das größere Leben durch und als diese kleinere Ausdrucksform seiner selbst vollbringen?" Indem wir dies tun, können wir unser Gewahrsein erweitern und das Leben aus einer sinnvolleren Perspektive sehen. Wir können uns vorstellen, daß wir an einem Drama teilnehmen, das voller Vitalität ist und den ganzen Kosmos umfaßt. Es ist dann leichter, unsere Brüder und Schwestern auf dem Planeten Erde zu unterstützen und den Planeten selbst durch unsere Unternehmungen zu stärken.

Nach Selbstverwirklichung und Erleuchtung zu streben ist das Selbstloseste, was ein Mensch tun kann, denn je größer das Gewahrsein über den Lebensprozeß ist, umso nützlicher ist er für die Gesundheit der menschlichen Gesellschaft und für den Entwicklungsprozeß der Natur. Ein erleuchteter Mensch ist überaus nützlich und unterstützt alles, was gut ist.

Sieben Ebenen des Gewahrseins und Stufen der Verwirklichung

Sieben Ebenen des Gewahrseins sind allen Menschen gemeinsam. Selten sind wir nur auf einer Ebene verankert, meist leben wir gleichzeitig auf allen Ebenen, wobei wir gewohnheitsmäßig eine oder zwei Ebenen besonders hervorheben.

1. Wer sich als physischen Körper ansieht, der geboren wurde, stirbt und vergeht, lebt auf der ersten Ebene. Hier hält sich der Mensch für ein materielles Wesen, das den Gesetzen des materiellen Universums unterworfen ist. Auf dieser Ebene kann ein Mensch intelligent, funktionsfähig und in jeder Hinsicht eine Ehre für die

menschliche Rasse sein, aber er ist seiner wahren Natur als geistiges Wesen und seines höheren Potentials nicht gewahr. Weniger bewußte Menschen mögen auf dieser Ebene des Gewahrseins roh, grausam und äußerst selbstsüchtig sein in den Methoden, sich durchzusetzen und in ihren persönlichen Beziehungen. Wenn wir, so meinen sie, bloß Körper sind, die nur eine kurze Zeit auf der Erde leben, warum sollten wir dann nicht nehmen, was wir kriegen können, und uns über die Interessen der anderen hinwegsetzen? Dankenswerterweise führt die angeborene mitfühlende Natur die meisten Menschen dazu, sich um andere zu kümmern.

2. Von dieser ersten Ebene erwacht der Mensch bis zu einem gewissen Grad und fängt an zu erkennen, daß es mehr in dieser Welt gibt als das, was er flüchtig und bedingt wahrnimmt. Er beginnt, sich von seiner Einstellung zur Realität abzuwenden und ahnt, daß es etwas gibt, was realer ist als die von ihm bewohnte Welt. Er sieht ein, daß etwas daran sein muß, Gedanken, Gefühle und Verhalten zu lenken. Er beginnt, die feinstoffliche Seite der Natur zu erforschen und erfährt, daß es feinstoffliche Kräfte und Energien gibt, die für die eigene Höherentwicklung eingesetzt werden können.

3. Weiteres Erwachen führt dazu, daß der Mensch die Gesetzmäßigkeit seines Gemüts noch besser versteht und lernt, es bewußt für höherführende Zwecke einzusetzen. Durch die natürliche Entfaltung auf dieser Ebene fühlt der Mensch sich wohler in seiner Beziehung zu dem größeren Bewußtseinsbereich und erkennt, daß er zu einem mehr kosmischen Wesen heranreift. Die Intelligenz wird schärfer, und die Intuition tritt mehr hervor. Wer seine geschärfte Intelligenz weise einsetzt, kann die Lösung schwieriger Probleme erkennen. Durch Intuition erkennen wir direkt und schulen unsere außersinnliche Wahrnehmung.

4. Die nächste natürliche Entfaltungsstufe wird erreicht, wenn der Mensch erkennt, daß er in Wahrheit über Gemüt und Körper steht und daher mehr sein muß als ein materielles Wesen. Dies ist die Ebene der Selbstverwirklichung, Verwirklichung des wahren Wesens oder Seins. Manche glauben irrtümlich, daß sie erleuchtet oder verwirklicht sind, wenn sie ihre persönlichen Motive durchschauen. Sie mögen teilweise Erkenntnis besitzen, sind jedoch noch weit davon

entfernt, wirklich erleuchtet zu sein. Durch Selbstverwirklichung entsteht ein natürliches Gefühl der Unsterblichkeit. Die Angst vor dem Tod verflüchtigt sich, und der Mensch denkt mehr an weit entfernte Ziele und an höhere Zwecke.

5. Durch Erforschen der Natur des Lebens und Bewußtseins mit scharfen intellektuellen und intuitiven Fähigkeiten, kann der Mensch die Natur des Universums als einen lebendigen Organismus erkennen, den Rhythmus und Tanz des Lebens spüren. Auf dieser Verständnisebene fest gegründet ist der Mensch ein wahrer Bewohner des Universums und alle seine Gedanken, Gefühle und Unternehmungen sind ausschließlich wohltätig.

6./7. Jenseits der fünften Ebene kommen wir in die nichtmateriellen Bereiche, und der größere Teil unserer Erkenntnisse und Erfahrungen liegt dann in einem Bewußtseinsbereich, der nicht erreichbar ist für denjenigen, der für eine solche Erfahrung noch nicht wach genug ist.

Einige Leser mögen es nicht für angebracht halten, sich mit den vorangegangenen Ausführungen zur jetzigen Zeit näher zu beschäftigen. Es ist möglich, daß es für sie im Augenblick wichtiger ist, Methoden und Verfahren anzuwenden, durch die sie ihre jetzigen Schwierigkeiten beenden können, und durch die sie in die Lage versetzt werden, ihr Leben in der gegenwärtigen Situation neu aufzubauen. Ich hege die Hoffnung, allen Lesern zu helfen, indem ich das ganze Wesen des Menschen darstelle. So kann jeder sich das herausnehmen, was er gerade am meisten braucht, um mit dem Prozeß des Wachstums und der Verwirklichung zu beginnen.

Während wir Unterstützung und Ermutigung erhalten durch andere aus einer Gruppe, wie der eines Motivations-Seminars, eines Meditations-Workshops, durch inspirierende Vorlesungen oder weshalb auch immer Menschen zur Erweiterung ihrer Fähigkeiten zusammenkommen, sollten wir immer daran denken, daß es auf unsere eigene Entfaltung ankommt. Ziehe den größtmöglichen Gewinn aus Gruppenprogrammen, aber vermeide, davon abhängig zu werden. Menschen, die damit beschäftigt sind, die erlernten Grundsätze zu verwirklichen, haben nicht die Zeit für ständige nutzlose Zusammenkünfte. Solange Du glaubst, Fortschritte zu machen, bleibe in solchen

Gruppen. Wenn Du die Ziele der Gruppe fördern kannst, tue es, denn dadurch wirst Du anderen helfen und Führungseigenschaften entwickeln. Prüfe sorgfältig den Grund der Teilnahme an einer Gruppenaktivität. Wenn Du nur auf die Gelegenheit wartest, gesellschaftliche Bedürfnisse zu befriedigen, bist Du entweder nicht aus dem richtigen Grund gekommen oder die Gruppe bietet Dir nicht das, was Du wirklich für Deinen Wachstumsprozeß brauchst.

Erst wenn wir unsere volle Leistungsfähigkeit erreicht haben, werden wir aus motivierenden Gelegenheiten Nutzen ziehen. Offen für neue Ideen, werden wir Artikel in Zeitungen und Zeitschriften schnell herausfinden, die für uns hilfreich sind. Wir können die Stadtbibliothek besuchen, fördernde Zeitschriften abonnieren oder solche Fernseh- und Rundfunkprogramme einschalten, die hilfreiche Programme auf vielerlei Gebieten und für vielerlei Interessen ausstrahlen.

Es gibt kein eigenständiges Universum, es gibt keine eigenständige Persönlichkeit

Philosophen und Wissenschaftler des zwanzigsten Jahrhunderts stimmen in ihren Erkenntnissen über die Welt, in der wir leben, und zu der wir in Beziehung stehen, überein. Wissenschaftliche Beweisführung bestätigt die intuitive Einsicht, daß das materielle Universum aus Energie besteht. Formen und Dinge sind Energie, die in den sichtbaren Modellen eingefangen ist. Die Formen entsteigen dem Meer der Energie, die Energie zerstreut sich nach einiger Zeit und fließt in das formlose Feld der Energie zurück. Energie ist beständig fließend, formend und auflösend. Die einzige Gewißheit über unsere Welt ist der Wandel. Es wird meist behauptet, daß die Lichtgeschwindigkeit konstant ist, aber dies bleibt jedoch wegen der erkannten nicht faßbaren Verhaltensweisen des Lichts nur eine Theorie. Das Universum mit seinen fein- und grobstofflichen Ebenen erweist sich immer mehr als ein organisches Ganzes. In Rhythmus und Fluß der universalen Ordnung ist Intelligenz zu erkennen. Wo ist der Herzschlag des Universums? Warum existiert das Universum? Was ist der Sinn des Lebens? Solche Fragen reichen aus, um innezuhalten und Einsicht Gelegenheit zu geben, emporzutauchen. Die Welt, die wir erkennen und erfahren, ob wir sie nun aus unserer persönlichen Wirklichkeitsvorstellung oder aus einer klareren Perspektive betrachten, ist nicht getrennt von der Quelle, aus der sie entstanden ist, und von der sie genährt wird.

Gibt es so etwas wie ein individuelles *Du* oder individuelles *Ich*? Wir mögen annehmen, wir seien individuelle Wesen, aber sind wir es wirklich? Einerseits sind wir etwas Besonderes, weil wir einzigartige Ausdrucksformen einer größeren Lebensquelle sind, andererseits sind wir nur Tröpfchen, die von einem unaufhörlichen Lebensprozeß niederregnen. Wir sind nur Bewußtseinseinheiten, die für eine gewisse Zeit auf dem Bildschirm von Zeit und Raum erscheinen und eines Tages zur Quelle zurückkehren. Wenn wir in Übereinstimmung sind mit unserem wahren Wesen, wissen wir um unsere Unsterblichkeit. Identifizieren wir uns mit dem begrenzten Standpunkt der dinglichen Welt, fühlen wir uns zum Untergang verdammt. Das wahre innere Wissen ist der Anhaltspunkt zu dem, wer und was wir sind. Wir brauchen keine Diskussion „über den Blickpunkt des neuen Zeitalters" oder „über gegenwärtige philosophische Ansichten" zu führen, die uns ermöglichen, mit unseren gegenwärtigen Bedürfnissen fertigzuwerden. Wir brauchen uns nur zu fragen: Was sagt mein inneres Wesen?

Mit dem Strom des Lebens fließen

Je mehr wir gewahr sind, umso mehr sind wir eingebettet in den natürlichen Fluß des Lebens, der zur Entfaltung, zu Schöpfertum und Erfüllung führt. Es gibt einen großen Unterschied zwischen den allgemein bekannten Lebensweisen und denen derjenigen, die für den evolutionären Einfluß des Lebens offen sind. Die, die sich diesem Strom nicht öffnen, tendieren dazu, Schwierigkeiten, Härten, Probleme und unerwartete Widerstände zu erfahren. Menschen mit Gewahrsein tendieren zu der Erfahrung von Harmonie, günstigen Gelegenheiten, Erfolg und unerwarteten Glücksfällen. Warum ist das so? Der Grund liegt darin: Je geringer mentale und emotionale Konflikte sind, umso offener sind wir für Führung, Inspiration und Erwiderung des Lebens auf unsere Wünsche und Bedürfnisse. Wenn wir offen sind für das Gute im Leben, wissen wir zwar nicht immer, was die Vorsehung für uns bereithält, aber wir erwarten das Beste und können uns darauf einstellen. Das Leben kennt für uns kaum vorstellbare Mittel und Wege, unsere Bedürfnisse zu stillen. Entwirf Deine Pläne, setze Deine Ziele, beschäftige Dich auf intelligente Weise mit nützlichen Projekten und Beziehungen und dann sei offen für das Gute, das gerade jetzt auf dem Wege zu Dir ist und sei bereit, ihm zu begegnen, wenn es in Dein Leben tritt.

Jeder hat seine eigene Art, die Wirksamkeit des Lebens in seinen Angelegenheiten zum Ausdruck zu bringen. Einer mag sagen: „Seitdem ich Ordnung in meine Angelegenheiten gebracht habe, lebe ich in einem Strom der Gnade." Ein anderer: „Seitdem ich mein Denken geändert habe, sehe ich günstige Gelegenheiten anstatt unmöglicher Situationen." Wie wir es auch ausdrücken mögen, sobald wir mit dem Leben in Übereinstimmung und für seinen Strom offen sind, erfahren wir den nährenden und hilfreichen Einfluß der Natur in all unseren Angelegenheiten.

Um spirituell gesund zu sein, habe Vertrauen in das, was die erleuchteten Lehrer der Jahrtausende über die Beziehung des Menschen zum größeren Leben gesagt haben. Erforsche die Natur des Bewußtseins und verschaffe Dir ein klares Wissen darüber, wenigstens auf der mentalen Ebene, wie Du zu der Welt stehst, in der Du lebst. Dann lerne, den Richtlinien und Verfahrensweisen zu folgen, die ein Leben in Harmonie mit den natürlichen Gesetzen sicherstellen können und mache auf diese Weise Deine eigenen Erfahrungen. Richtiges Verstehen geht in der Regel der Selbstverwirklichung voraus. Vielleicht verstehen wir die Prinzipien des Lebens, sind aber nicht in der Lage, sie zu befolgen oder sie voll und ganz anzuwenden. Übung, Übung und noch mehr Übung macht den Unterschied.

Denke stets daran, daß Du in Partnerschaft mit dem größeren Leben bist, und daß das größere Leben Dein Gefährte und Helfer ist in allem, was Du tust. Je mehr wir zu diesem Verstehen erwachen, um so deutlicher wird diese Partnerschaft und Hilfe.

MERKE:

1. Im Grunde Deines Wesens bist Du reines Gewahrsein.
2. Deine innere Intelligenz ist der wahre Lehrer.
3. Lies noch einmal die Richtlinien auf dem Weg zur Erleuchtung.
4. Verstehe die verschiedenen Ebenen des Gewahrseins.
5. Ziehe Gewinn aus allen Gelegenheiten zur Motivierung.
6. Denke daran, daß Du in Partnerschaft mit dem größeren Leben bist.

Plan zur Zielverwirklichung
SELBSTVERWIRKLICHUNG

Ziel oder letztendlicher Zweck:

Bejahe: *,,Ich vollende meine Zwecke und erreiche meine Ziele durch intelligentes Engagement und mit Gottes Hilfe.''*

Schritte zur Verwirklichung:

Eventuelle Hindernisse oder Begrenzungen:

Lösungen und Handlungsabläufe:

Bejahe: *,,Ich erkenne Lösungen, gehe diese Schritte zur Verwirklichung und erreiche meine gesteckten Ziele.''*

Was erwarte ich als Ergebnis dieses Planes zur Verwirklichung:

Verwirklicht:_____ Datum:___ _____

Verwirklicht:_____ Datum:_____

Verwirklicht:_____ Datum:_____

Notiere Ausführungen und Vollendungen kurzfristiger und langfristiger Ziele. Benutze leere Seiten dieses Buches oder ein zusätzliches Notizbuch, um Ziele zu planen und Ergebnisse zu notieren.

Richtlinien zur Verwirklichung

Werde Deines augenblicklichen Bewußtseinszustandes gewahr und bemühe Dich, die nächste Ebene zu erreichen. Strebe nach der höchsten Ebene des Gewahrseins, die zu erreichen ist. Bemühe Dich darum, auf der Ebene klaren Verstehens zu leben. Betrachte Gott als Deinen Partner in allem, was Du tust und in allen Beziehungen. Studiere die Heiligen Schriften. Zügle Deine Sinne. Überwinde Dein Gefühl des Getrenntseins, damit Du zu Deinem spirituellen Wesen erwachst. Gib alles auf, was unnötig ist, und was nicht mit den idealen Lebensbedingungen übereinstimmt. Verkehre mit Menschen, die so leben, wie Du zu leben wünschst. Entwickle Tugenden, verkörpere alle idealen Eigenschaften, vertraue dem Leben vollkommen. Zögere nicht in Deinem Entschluß, Dich mehr und mehr in Richtung eines erleuchteten Lebens zu bewegen.

Zur Betrachtung und Verwirklichung:

,,Ich erkenne bewußt, daß ich nach dem Bild und Wesen Gottes geschaffen bin. Ich besitze alle Eigenschaften, die dem größeren Leben eingeboren sind. Ich sehe das Leben als ein organisches Ganzes an, und ich lebe nach besten Kräften, wie ich weiß, daß ich leben sollte.''

Notizen für Pläne und Projekte

,,Die lebendige Kraft seines Geistes gewann die Oberhand und er stieg empor, weit über die flammenden Sphären des Himmels hinaus und durchquerte das grenzenlose Universum in Gedanken und im Gemüt.''

Lucretius

,,Ich ermahne euch nun, liebe Brüder, bei der Barmherzigkeit Gottes, daß Ihr eure Leiber begebet zum Opfer, das da lebendig, heilig und Gott wohlgefällig sei, welches sei euer vernünftiger Gottesdienst.
Und stellet euch nicht dieser Welt gleich, sondern verändert euch durch Erneuerung eures Sinnes, auf daß ihr prüfen möget, welches sei der gute, wohlgefällige und vollkommene Gotteswille.''

Römer 12, Vers 1 und 2

III

Öffne Dein Gemüt dem unbegrenzten Guten

Das Gemüt, durch das wir uns zum Ausdruck bringen, ist ein Feld feinstofflicher Energie, durch das wir unsere unmittelbare Umgebung wahrnehmen. Dieser mentale Bereich ist ein Teil, eine Einheit des größeren Feldes, das wir als das universale Gemüt bezeichnen. Durch das Instrument Gemüt können wir in Harmonie mit dem größeren Feld des Gemüts arbeiten und auf diese Weise genau und bewußt eine harmonische Zusammenarbeit mit dem Universum erleben.

Durch bewußten und intelligenten Gebrauch kann uns unser Gemüt von großer Hilfe sein, um Verwirklichung und Freiheit zu erreichen. Unweiser Gebrauch führt zu Unfreiheit. Ein wichtiger Punkt ist, daß das Gemüt unser Werkzeug ist, und daß wir die Fähigkeit haben zu lernen, es weise zu benutzen. Es gibt mehrere Ebenen mentaler Tätigkeit. Zwischen diesen Ebenen kann Ordnung hergestellt und aufrechterhalten werden. Wird das mentale Feld durch starre Vorstellungen gestört, wird unsere Wahrnehmung der Welt durch diese Vorstellungen verzerrt. Jemand mag sagen: „Ich sehe die Welt auf diese Weise." Oder: „Ich will Dir sagen, wie von meinem Standpunkt aus gesehen, die Welt wirklich ist." Wir wissen, daß wir nicht unser Gemüt sind, wenn wir sagen: „Es scheint, als ob ich mein Gemüt nicht unter Kontrolle bringen kann", und wir sagen auch: „Ich werde meine Einstellung in dieser Angelegenheit ändern." Im Innern ist das Wesen, die Bewußtseinseinheit, die die mentale Tätigkeit beobachtet und die Fähigkeit besitzt, das Gemüt auf intelligente Weise einzusetzen.

Wir kennen Menschen, die von Geburt an, wie es scheint, klug und intelligent sind, und wir kennen andere, die, wie es scheint, von Geburt an schwer von Begriff sind, und denen es an Intelligenz fehlt.

Wir können uns an Augenblicke der Klarheit erinnern und an Augenblicke der Verwirrung. Wir können uns an Augenblicke großer Entschlußkraft erinnern und an solche der Trägheit und vielleicht der Verzweiflung. Um die Vorgänge, die sich auf der mentalen Ebene abspielen, zu ordnen, ist es hilfreich, sich für kompetent zu halten. Unser Gemüt, als ein schöpferisches Instrument, ist unser Diener.

Vier Aspekte des mentalen Feldes

Wenn wir die Natur unseres Gemüts erforschen, treffen wir zunächst auf den Aspekt, der zum Denken benutzt wird. Auf dieser Ebene benutzen wir das Gemüt zum Beobachten, zum Vergleichen, um Schlußfolgerungen zu ziehen und in Beziehung zu treten. Natürlich gibt es tiefere Ebenen des mentalen Feldes, von denen die meisten nichts wissen. Wir haben vom Unterbewußten gehört, dem Lagerhaus der gesammelten Eindrücke, und wir haben von den noch tieferen Ebenen des Unbewußten und des Tiefunbewußten gehört. Es gibt Aussagen zu Bereichen des mentalen Feldes, von denen wir nichts wissen, solange wir nicht erleuchtet sind. Da wir mit dem Aspekt des Denkens in unserem Gemüt vertraut sind, können wir auf dieser Ebene jederzeit tätig sein. Wir können hier lernen, unsere Denkgewohnheiten zu ordnen und Gedankenbilder und Ideen auszuwählen, die für unsere schöpferischen Absichten hilfreich sind. Wir können auswählen, sobald wir entschlossen sind, unser Gemüt in intelligenter Weise zu benutzen. Es gibt auch einen Bereich des mentalen Feldes, der frei ist von Programmierungen, und durch den der reine Wille und Einfluß des Lebens fließen. Dieser ist bekannt als die überbewußte Ebene des mentalen Feldes. Überbewußtsein wird in Augenblicken der Transzendenz oder in tiefer, bewußter gedankenfreier Meditation erfahren.

Der Gefühlsaspekt des Gemüts läßt uns Wünsche empfinden und treibt uns an, diese Wünsche zu erfüllen. Die Erfüllung eines Wunsches bringt Ruhe als Folge der Vollendung. Von Intelligenz gelenkte Wünsche befähigen den Menschen, Ziele zu erreichen und seine Bestimmung zu erfüllen, während blinde Wünsche und Impulse zur

Abhängigkeit und anderen unerfreulichen Folgen führen. Infolge des Gefühlsaspektes des Gemüts kann der Mensch bis zu einem gewissen Grade an der Zufriedenheit festhalten, die aus der Erfahrung der Verwirklichung entsteht, und so nachteilige Impulse und Wünsche neutralisieren. Freude ist nicht ihr eigener Lohn, aber das freudige Erleben, das aus der Vollendung entsteht, kann als Lohn genügen, um jemandem, der neu ist auf dem Weg, zur Erfüllung und Vollendung zu motivieren. Ein paar Erfolge, die Erlangung einiger kurzfristiger Ziele kann so befriedigend sein, daß wir ermuntert werden, den Prozeß der Zielerreichung fortzusetzen. Körperliche Übungen mögen zuerst lästig erscheinen, wenn wir uns zu einem geregelten Programm entschließen. Doch das daraus resultierende gute Gefühl kann zum Weitermachen anstacheln. Nach einiger Zeit werden Körper und Gemüt geradezu nach regelmäßigen Übungen verlangen. Das Gemüt, das an zeitweilige Befriedigung aufgrund von Sinnesfreuden gewöhnt ist, kann dem Prozeß der Meditation nur so lange widerstehen, bis es die höhere, länger anhaltende Freude der Meditation erfahren hat.

Ein anderer Aspekt des mentalen Feldes ist das Intelligenzvermögen, durch das wir in der Lage sind, ein Problem zu untersuchen und die Lösung herauszufinden. Es gibt reichliche Beweise, daß die intellektuellen Fähigkeiten gesteigert werden können, und daß wir nicht auf die intellektuellen Fähigkeiten begrenzt bleiben, mit denen wir geboren wurden. Wenn das mentale Feld geläutert und mit den überbewußten Ebenen in Übereinstimmung gebracht worden ist, wird der Intellekt schärfer, denn im Grunde ist es das Wesen, die Lebenseinheit, die wirklich erkennt und unterscheidet.

Wenn wir uns für das Gemüt halten oder für eine Persönlichkeit mit einem Gemüt, dann betrachten wir uns als ein individuelles Wesen. Dies führt zu dem Gefühl des Getrenntseins (Ego). Wenn wir sagen, jemand hat ein großes Ego, dann meinen wir, daß er eine aufgeblähte Meinung von sich selbst hat. Aber auch ein bescheidener Mensch, der meint, daß er allein gegen die ganze Welt steht oder allein mit anderen, die so sind wie er, lebt aus dem Gefühl des Getrenntseins. Wenn wir unser Bewußtsein über die Grenzen des mentalen Feldes hinaus erweitern, erkennen wir, daß wir nicht auf einen engen Blickpunkt begrenzt sind. Wir erkennen, daß wir Einheiten eines größeren Bewußtseinsfeldes sind.

Veränderungen im mentalen Feld

Wir kennen alle die natürlichen Schwankungen, die sich im mentalen Feld abspielen. Im Verlauf eines normalen Tages gibt es Zeiten des Wachseins, Zeiten der Müdigkeit und die Zeit des Schlafens. Wir befinden uns auch in Zuständen des Träumens, des Phantasierens und Tagträumens. Einer der genauesten Texte, der sich mit den mentalen Zuständen und Bewußtseinszuständen befaßt, sind die *Yoga Sutras* von Patanjali. In diesem Werk werden verschiedene mentale Zustände beschrieben. Sie werden bezeichnet als: unmittelbares Erkennen des Erforschten, falsches Erkennen, Täuschung, Schlaf und Erinnerung. Wenn wir das, was wir betrachten, klar erkennen, nehmen wir unbeeinträchtigt von unserem Standpunkt der relativen Welt das wahr, was wirklich ist. Oder klares Erkennen mißlingt uns infolge mangelnden Unterscheidungsvermögens, und wir irren uns hinsichtlich der verfügbaren Daten. Wenn wir noch weniger bewußt sind, sind wir völlig ohne Beziehung zur gegenwärtigen Wirklichkeit und befinden uns in einem Zustand der Täuschung. Wenn wir schlafen, ziehen wir die Aufmerksamkeit von der Außenwelt zurück und sinken auf die Ebene des Unterbewußtseins oder Tiefunbewußten. Auch im Schlaf geht das Bewußtsein nicht ganz verloren, weil wir beim Aufwachen wissen, wie gut wir geschlafen haben. Im Traum sind wir oft bewußt genug, um sogar noch während des Traumes das, was wir träumen, zu analysieren. Erinnerung ist möglich wegen der festgehaltenen Eindrücke, die auf den tieferen Ebenen des Gemüts gespeichert sind. Wenn wir diese Eindrücke zurückholen, können wir die Vergangenheit wieder lebendig werden lassen. Manchmal wird uns die Vergangenheit so deutlich, daß wir die Gegenwart für die Vergangenheit halten und auf eine Situation in der Gegenwart so reagieren, als sei es eine früher erlebte.

Zu gewissen Zeiten kommen Impulse und Neigungen aus tieferen Schichten unseres Gemüts an die Oberfläche, die uns zu irrationalem Benehmen veranlassen. Wenn wir erst einmal diese Impulse und Neigungen durchschaut haben, brauchen wir ihnen gemäß nicht mehr zu reagieren, ganz gleich wie stark ihr zwingender Einfluß auch sein mag. Wenn diese Impulse aus tieferen Schichten des Gemüts an die Oberfläche kommen, mögen wir vielleicht sagen: „Ich kann mir offensichtlich nicht mehr selbst helfen!" Aber wir können es natürlich, wenn wir wollen. Manchmal lesen wir in der Zeitung, daß jemand die Kontrolle über sich verloren hat, weil er Stimmen im Kopf zu hören glaubte. In einigen unterentwickelten Kulturen werden diese Stimmen und die mit ihnen verbundenen Impulse als Dämonen bezeichnet, die diejenigen verfolgen, die sich nicht vor ihnen in acht genommen haben. Gesang, Gebet und verschiedene Rituale werden benutzt, um die Dämonen zu vertreiben, und wenn das Erfolg hat, dann bedeutet das, daß die Zwangsvorstellungen entweder unterdrückt, beseitigt oder in eine vernünftige Beziehung mit anderen Strukturen und Tendenzen des mentalen Feldes gebracht worden sind.

Praktische Richtlinien für den weisen Gebrauch des Gemüts

Sobald wir uns zu vernünftiger mentaler Tätigkeit und Gesundheit entschlossen haben, lernen wir, die bewußte mentale Tätigkeit zu lenken. Wir beginnen damit, daß wir innerlich anerkennen, daß wir in der Lage sind, die mentalen Vorgänge zu beherrschen und üben uns dann weiter darin, klar und vernünftig zu denken. Wir lernen, klar zu erkennen, in Beziehung zu treten und auf Konzepte und Ideen einzugehen. Das Ideal ist, im Bewußtsein des Augenblicks zu leben, während wir das Gedächtnis heranziehen, um gegenwärtige Beziehungen zu handhaben und ohne Sorge die Zukunft zu planen. Wenn wir sagen, wir wünschen uns, nicht an die Vergangenheit oder an die Zukunft zu denken, geben wir in der Regel zu, daß wir uns vor unserer Erinnerung fürchten und nicht bereit sind, Verantwortung für zukünftige Dinge zu übernehmen. Aber es gibt kein Entkommen, denn früher oder später werden wir erwachen und zu dem Punkt heranreifen, an dem wir realistisch und vernünftig handeln.

Lerne, zielbewußt zu sprechen. Auch wenn Du Dich in einer entspannten gesellschaftlichen Umgebung befindest, solltest Du nicht Dinge sagen, die Du nicht glaubst oder von denen Du nicht wünschst, daß sie durch das Unterbewußtsein als wahr bestätigt werden. Wenn Du zielbewußt und vernünftig in Deinen Planungen und Tätigkeiten bist, solltest Du diese mentale Einstellung immer beibehalten. Vermeide in entspannten Momenten, auch wenn Du dazu neigst, Dinge zu sagen wie: „Das Leben ist Glückssache, manchmal gewinnst Du, manchmal verlierst Du." Oder: „Das letzte Mal habe ich einen Fehler gemacht, aber was macht es schon, niemand ist vollkommen." Wenn Du in Gesellschaft bist, achte darauf, daß Du nicht innerlich zustimmst, wenn Deine Gefährten negative Ansichten vertreten. Wähle aus, was Du liest, was Du hörst und was Du denkst. Unterscheide, und lasse Dich nicht von negativen Gedanken und Meinungen anderer Menschen beeinflussen.

Wie steht es mit den inneren Vorstellungsbildern, mit denen wir uns gewohnheitsmäßig befassen? Sind sie konstruktiv oder nutzlos? Vor allen Dingen ist es nötig, daß Du Dich selbst darin übst, Entfaltung, Erfolg, Wohlstand und Verwirklichung zu sehen. Denke stets daran, daß wir mit einem größeren mentalen Feld kooperieren und dieses Feld auf unsere Gedanken und Hoffnungen eingeht. Es bedarf weiter nichts als Aufmerksamkeit und Übung, um unsere Gedanken und mentale Einstellung zu ordnen. Wir brauchen niemanden von unserer inneren Arbeit zu erzählen. Wir brauchen nur die Prinzipien zu erproben und dann die Ergebnisse in unseren eigenen Erfahrungen anzusehen. Wenn wir nicht bereit sind, unsere Einstellung zu ändern und die Gedankenvorgänge zu lenken, müssen wir mit dem Leben zufrieden sein, wie es sich entfaltet. Wenn ich mich innerlich verändere, spiegelt meine Welt das neue Bild wider, das ich in mir trage.

Wir erfahren gegenwärtig die Ergebnisse früherer Gedanken, Gewohnheiten und Erwartungen. Wir nennen diese Erfahrungen Schicksal, weil sie sich auf Ursache und Wirkung beziehen. Mentale Ursachen können gelöscht oder geschwächt werden, wenn wir sinnvollere Ursachen in den Boden des Unterbewußtseins einprägen. Wir sollten uns nicht zum Opfer vergangener negativer Gedanken, Wünsche oder Taten verurteilt fühlen. Es gibt viele Menschen, die die Erfahrung völliger Veränderung und Umwandlung bezeugen können, nachdem sie sich entschlossen haben, Verantwortung für sich selbst in Beziehung zu ihrer Umwelt zu übernehmen. Sollte es notwendig sein, sich selbst zu vergeben, könnte das zu einer Umwandlung führen. Auch tiefsitzende Strukturen und festverankerte Gewohnheiten können geändert werden, wenn wir bereit sind, entschlossen und verantwortlich zu sein.

Eine häufig gestellte Frage von vielen auf dem Pfad der Selbstvervollkommnung ist: „Wie kann ich wissen, ob ich auf dem rechten Weg bin?" Ja, es ist weise, wenn wir die Motive untersuchen, nach denen wir handeln. Fühlen wir uns von Zwängen getrieben? Versuchen wir andere zu beeindrucken? Suchen wir Ruhm und Anerkennung der Welt? Erstreben wir Geld und andere Dinge, weil wir befürchten, arm zu sein? Sind wir hinter dem Erfolg her, weil wir einem lebenden oder toten Elternteil oder einer anderen Autoritätsperson beweisen wollen, daß wir erfolgreich sein können? Wenn wir uns die Zeit nehmen, ruhig zu werden, wenn wir von vergangenen Erinnerungen oder gegenwärtigen Beziehungen unbeeinflußt sind, sind wir eher bereit, ehrlich mit uns selbst zu sein und an das zu denken, was wirklich wichtig für uns ist. Bei solchen Gelegenheiten mögen wir innere Führung und ein Gefühl der Übereinstimmung mit der Bestimmung erleben. Vielleicht empfinden wir: Ich bin für eine bestimmte Aufgabe in die Welt gekommen, sie gut zu erfüllen, zu meiner eigenen Entfaltung und als Dienst an anderen. Viele sind der Meinung, und ich bin einer von ihnen, daß jedes bewußte Wesen einen bestimmten Platz im Universum hat. Wenn dieser Einfluß in unserem Leben dominiert, werden wir Gesundheit, Leistungsfähigkeit und Erfüllung mit der geringsten Anstrengung erreichen. Auch wenn manchmal große Anstrengungen erforderlich sind, werden wir feststellen, daß uns verborgene Kräfte unterstützen, und daß ein größeres Intelligenzfeld mit uns zusammenarbeitet, weil wir an etwas beteiligt sind, das größer ist als das Ego-Ich, als das selbstsüchtige Ich.

Es gibt noch weitere Einflüsse, die mentale Schwankungen verursachen. So lange wir nicht stark und zielbewußt sind, kann es sein, daß wir übermäßig auf zeitweiliges Mißlingen oder Enttäuschung reagieren und niedergeschlagen sind. Es kann sein, daß wir infolge von falschen Eßgewohnheiten oder wegen Stoffwechselstörungen Schwankungen in unseren Stimmungen und Einstellungen erleben. Lerne, die Zeiten zu nutzen, in denen Du von innen her stark und positiv bist und lerne, nicht so sehr auf Momente zu reagieren, in denen Du versucht bist, Dich niedergeschlagen zu fühlen. Entwickle ein Programm für totales Wohlbefinden, so daß alle Organe harmonisch funktionieren.

Trage alles dazu bei, eine vollkommen fördernde persönliche Umgebung beizubehalten. Achte darauf, daß Du in Körperpflege, Kleidung und in Deinen Lebens- und Arbeitsbedingungen das Ideal widerspiegelst, das Du zu verkörpern wünschst. Stärke Deine positiven Absichten in jeder erdenklichen Weise, bis Du fest und innerlich ausgeglichen funktionstüchtig geworden bist. Plane Dein tägliches Tun, so daß Raum bleibt für spontane, schöpferische Tätigkeit, damit Du Energie und Zeit auf bestmögliche Weise nutzt. Viele höchst motivierte Männer und Frauen verschwenden einen großen Teil ihrer Zeit und Energie mit nutzlosen Tätigkeiten. Wenn wir genau nachforschen, wird sich herausstellen, daß nur zwanzig bis dreißig Prozent unserer Bemühungen produktiv sind. Es ist leicht zu lernen, fast immer produktiv zu sein oder zusätzliche Zeit und Energie für andere sinnvolle Ziele einzusetzen. Wer von inneren Zwängen getrieben ist, überspannt sich und bringt das Nervensystem und den Körper zur Erschöpfung. Finde heraus, wodurch Du Dich bedrängt fühlst und finde durch Bestehen der Herausforderung zu Gesundheit und Leistungsfähigkeit. Oft haben wir schöpferische Höhepunkte, wenn wir uns ausruhen oder erholsamen Beschäftigungen nachgehen. Körperliche Aktivität ist wichtig, aber wir sollten nicht vergessen, daß die Fähigkeit, Ziele zu erreichen, im Bewußtsein beginnt.

Was immer Du Dir bildhaft vorstellen kannst, kann in die Außenwelt gebracht und verwirklicht werden, wenn es in Harmonie mit den Gesetzen der Natur ist. Wenn Du glücklich sein willst, sieh Dich glücklich. Wenn Du gesund sein willst, sieh Dich gesund. Wenn Du Erfüllung in einer persönlichen Beziehung finden willst, sieh Dich in einer idealen Beziehung erfüllt. Wenn Du erfolgreich sein willst, sieh Dich erfolgreich. Die Vorstellungsbilder, die Du in Deinem Bewußtsein hältst, teilen sich dem größeren universalen Gemüt mit, und das Universum wird Dir zur Erfüllung verhelfen, wenn Du nur daran glaubst.

Solltest Du in einem Team arbeiten, um ein Projekt zu verwirklichen oder um ein lohnendes Ziel zu erreichen, dann verschaffe Dir Gewißheit, daß alle Mitglieder des Teams die mentalen Vorgänge verstehen und für das gemeinsame Ziel zusammenarbeiten. Wenn niemand sonst Deine Träume teilt, dann teile sie mit dem größeren Gemüt, das Dich nie verläßt.

Die drei Schlüssel, die mit Sicherheit zur Erfüllung führen, sind *idealisieren, glauben* und *ausführen*. Habe den Mut, in Deiner Vorstellung hohe Ziele zu entwerfen, zu planen und anzustreben. Du verdienst das Beste im Leben, also gib Dich nicht mit Geringerem zufrieden. Sei sicher, daß alle Dinge möglich sind, wenn Du mit dem größeren Gemüt kooperierst. Dann wirst Du, wie die Nacht dem Tag folgt, Deinem unverrückbar festgehaltenen Ziel stetig näherkommen. Vielleicht erkennst Du nicht, wie sich das Leben entfalten wird, welche Türen sich öffnen werden und wann Du Einsicht erlangst. Fahre fort zu idealisieren, zu glauben, und die Erfüllung ist sicher.

Wir sind geneigt, uns in bedeutende Ereignisse hineinzubewegen, die wir erwarten. Es ist bekannt, daß alte und kranke Menschen an dem Körper festhalten, bis ein besonderes Ereignis stattgefunden hat. Sie halten sich am Leben, bis ein Geburtstag erreicht ist oder die Kinder nach einer Ferien- oder Urlaubszeit nachhause kommen. Wer nichts mehr zu erwarten hat, zieht sich von dieser Welt zurück. Es mag sein, daß wir alle unsere materiellen Ziele erreicht haben, aber noch Ziele gesetzt sind, die die mentalen, emotionalen und spirituellen Bereiche vor uns betreffen.

Der mächtige Einfluß bewußter Bejahungen

Wir haben ein Werkzeug zur Hand, das uns befähigt, mentale Strukturen, emotionale Zustände, die Körperchemie und unsere Beziehungen zu Ereignissen und Umstände zu lenken. Was für ein Werkzeug ist das, das einen solch mächtigen Einfluß darauf hat, Gutes zu bewirken? Es ist die Anwendung bewußter Bejahung. Wir können uns in eine positive Haltung oder in eine negative Einstellung hineinreden. Wir können uns in eine unglückliche Stimmung hinein– und aus einer Depression herausreden. Wir können sogar die Vorgänge und Organe des Körpers dazu auffordern, besser zu funktionieren. Wir können uns in konstruktives oder in nutzloses Tun reden.

Wenn wir Bejahungen aussprechen, sollten wir darauf achten, gegenwärtig das bereits zu behaupten, was wir als wahr erstreben. Bejahe zum Beispiel: „Ich bin bewußt und schöpferisch. Ich setze meine Talente und Fähigkeiten jederzeit in bestmöglicher und ergebnisbringender Weise ein". Oder: „Ich bin ein glücklicher und emotional gefestigter Mensch. Ich gehe mit meinen Gefühlen weise um." In einigen Fällen mag eine kühne Bejahung eine zu große Herausforderung für das Unterbewußtsein sein, dies als wahr zu akzeptieren. Es mag sein, daß der Unterschied zwischen dem, was scheinbar ist und dem, was idealisiert wird, so groß ist, daß die unterbewußte Ebene des Gemüts die Bejahung nicht akzeptieren kann. In diesem Fall mildere Deine Aussage ab, so daß der Widerstand Deines Unterbewußtseins langsam nachläßt. Man kann sagen: „Ich nähere mich jetzt schrittweise und unaufhaltsam dem bewußten Gewahrsein von Gesundheit, Glück, mentaler Kreativität und Wohlergehen." Du kennst Dein denkendes und fühlendes Gemüt besser als irgend jemand sonst. Wähle eine Bejahung, die Deinen Bedürfnissen und der Ebene Deiner Annahmefähigkeit entspricht.

Du könntest den Tag damit beginnen, daß Du, während Du Dich im Spiegel Deines Badezimmers betrachtest, laut sagst: „Ich begrüße diesen Tag mit Begeisterung. Ich fühle mich wohl, gut vorbereitet und schöpferisch. Ich fließe leicht und angepaßt durch diesen Tag. Ich bin offen für das unerwartet Gute, und ich fließe mit dem Leben in Übereinstimmung mit dem mich umgebenden größeren Gemüt, in dem ich lebe, mich bewege und von Augenblick zu Augenblick zum Ausdruck bringe." Solltest Du Unterstützung brauchen, kannst Du jederzeit während des Tages konstruktive Bejahungen aussprechen.

Richtig angewendete Bejahungen neutralisieren negative Strukturen in unserem Unterbewußtsein. Wir tun jedoch mehr, als nur die Strukturen des Unterbewußtseins neu zu ordnen. Das Ideal ist, so bewußt bei der Anwendung von Bejahungen zu sein, daß wir augenblicklich zu der Verwirklichung dessen erwachen, was wir bejaht haben. Wir brauchen uns nicht zu bemühen, die unterbewußten Ebenen unseres Gemüts von dem zu überzeugen, was wir sagen. Wenn wir der Überzeugung sind, daß unsere Aussagen auf unseren inneren Verwirklichungen basieren, ändern sich automatisch die unterbewußten Strukturen. Unter dem Zwang des Unterbewußtseins stehend, sind wir, wenn auch in eine gute Richtung, immer Getriebene. Der höhere Weg besteht darin, so bewußt, so gewahr, so angepaßt zu sein, daß wir aus dem Gewahrsein des Augenblicks heraus leben und mit der Entfaltung des Lebens in natürlicher, selbstverwirklichter Weise fließen.

Welches Verfahren wir auch anwenden: Das Ideal liegt darin, alle Zeit in einer Erwartungshaltung zu leben. Erwartung ohne Besorgnis ist das Ideal, denn wo Besorgnis ist, da ist auch Furcht vor dem Unbekannten, was zur Ansammlung von Streß in unserem Nervensystem führt. Erwartung und tiefer Glaube ist der Weg zu einem bewußten Leben. Wenn wir Glauben haben, leben wir in der inneren Sicherheit, daß das Gute schon für uns bereitsteht und sich nur noch auf der Leinwand von Zeit und Raum entfalten muß.

Das mentale Feld hat keine eigene Macht. In den letzten Jahren wurden mehrere Bücher über die Macht des Gemüts, und wie es anzuwenden ist, geschrieben. Die wahre Macht ist die Macht des Menschen, der das Gemüt benutzt, und der wahre Mensch ist eine Einheit des unendlichen Bewußtseins, das unbegrenzte Macht besitzt. Dennoch trifft es zu, daß wir Willenskraft schulen können. Das heißt, wir können uns vornehmen, bestimmte Ziele zu erreichen und akzeptieren, daß das Leben auf uns reagiert. Das bedeutet nicht, aufgrund selbstsüchtiger Motive willensstark zu sein. Wie sehr wir uns auch wünschen mögen, daß etwas geschieht oder sich entfaltet, solange wir innerlich dieses Ereignis nicht als möglich akzeptieren, ringen wir mit dem Leben. Oft genügt der bloße Akt der Annahme, damit die Fenster des Himmels sich öffnen und unermeßlicher Segen herabfließt. Sind wir bereit, gesund zu sein? Sind wir bereit, glücklich zu sein? Sind wir bereit, erfolgreich zu sein? Sind wir zur Selbstverwirklichung bereit? Das sind die grundlegenden Fragen, die wir uns selbst beantworten müssen. Die Antworten sind machmal überraschend und immer entlarvend.

Übe täglich

Um die Fenster Deines Gemüts zu öffnen, tue das Folgende: Setze Dich täglich an einem ruhigen Platz nieder und werde still. Laß das mentale Feld klar und die Gefühlsbereiche frei von Emotionen werden. Erkenne die Wahrheit über Dich selbst an: „Bewußtsein ist, was ich bin. Das Gemüt, das ich benutze, ist ein Teil des größeren, universalen Gemüts." Erkenne, daß Du in Übereinstimmung mit dem größeren mentalen Feld denkst. Fühle Dich wohl in diesem Verstehen und in dieser Beziehung. Dann erfülle Deine täglichen Pflichten, verankert in diesem Verständnis.

Eines der größten Probleme für viele ist, daß sie meinen, sie müßten mit der Außenwelt oder mit Kräften, die sich ihrer Kontrolle entziehen, kämpfen. Sobald wir die Dinge jedoch richtig verstehen, erkennen wir, daß es keine Feinde oder Bedrohungen in der Außenwelt gibt, weil wir in Harmonie mit dem größeren Gemüt kooperieren, das jede Situation ändern, alle Türen öffnen und auf unsere persönlichen Wünsche und Bedürfnisse eingehen kann.

Die Herausforderungen beruhen nicht auf unwiderstehlichen Umständen. Wenn wir uns allein fühlen, so nicht deshalb, weil es niemanden gäbe, der nicht gerne unser Freund und Partner sein möchte. Wenn wir arm sind, so nicht wegen Knappheit an Energie oder Geld, oder wegen staatlicher Maßnahmen oder Arbeitslosigkeit. Wenn wir übermäßig traurig sind, dann liegt der Fehler nicht bei demjenigen, der uns verlassen hat. Wir sind selbst dafür verantwortlich, wie wir uns in unserer Welt einrichten, und wie wir die notwendigen Korrekturen in unserem Verhalten, Denken und Fühlen vornehmen. Unsere nahe und ferne zukünftige Erfüllung geht von uns aus und von nichts anderem. Wir allein bestimmen durch die Freiheit unserer Wahl unsere Zukunft. Änderung der Umgebung spielt auch eine Rolle in unserem Leben, aber die letzte Entscheidung über uns selbst und unsere Beziehung zum Leben liegt bei uns.

MERKE:

1. Dein Gemüt ist ein Teil des größeren, universalen Gemüts.
2. Mache Dir die vier Aspekte des mentalen Feldes klar.
3. Mache Dir die Umwandlungen des mentalen Feldes klar.
4. Überwache und lenke Deine innere und äußere Unterhaltung.
5. Tue alles, um eine hilfreiche Umgebung zu schaffen und aufrechtzuerhalten.
6. Idealisiere, glaube und verwirkliche.
7. Lerne, Bejahungen richtig und mit Gewinn anzuwenden.
8. Öffne die Fenster Deines Gemüts dem unbegrenzt Guten.

Plan zur Zielverwirklichung
MENTALE KREATIVITÄT

Ziel oder letztendlicher Zweck:

Bejahe: *,,Ich vollende meine Zwecke und erreiche meine Ziele durch intelligentes Engagement und mit Gottes Hilfe.''*

Schritte zur Verwirklichung:

Eventuelle Hindernisse oder Begrenzungen:

Lösungen und Handlungsabläufe:

Bejahe: *,,Ich erkenne Lösungen, gehe diese Schritte zur Verwirklichung und erreiche meine gesteckten Ziele.''*

Was erwarte ich als Ergebnis dieses Planes zur Verwirklichung:

Verwirklicht:_____ Datum:_____

Verwirklicht:_____ Datum:_____

Verwirklicht:_____ Datum:_____

Notiere Ausführungen und Vollendungen kurzfristiger und langfristiger Ziele. Benutze leere Seiten dieses Buches oder ein zusätzliches Notizbuch, um Ziele zu planen und Ergebnisse zu notieren.

Richtlinien zur Verwirklichung

Akzeptiere von diesem Augenblick an persönliche Verantwortung für Deine mentale Einstellung, Deine Wünsche und Vorstellungen sowie für Deine innere und verbale Unterhaltung. Sei Dir ganz klar darüber, daß Du der Meister Deines Gemüts bist, das Du benutzt. Sei Dir ganz klar darüber, daß Du in einer bewußten Partnerschaft mit dem universalen Gemüt bist, wenn Du Dein Gemüt in schöpferischer und intelligenter Weise einsetzt. Beschuldige weder die Vergangenheit noch die Gegenwart. Sei entschlossen, weisen Gebrauch von Deinen mentalen Fähigkeiten zu machen. Akzeptiere die Wahrheit, daß Du mit jedem Tag intelligenter und tüchtiger wirst. Mache Dich von allen einschränkenden Einstellungen und Überzeugungen frei. Sei bereit, Dich zu verändern so wie sich Dein mentales Feld täglich erneuert.

Zur Betrachtung und Verwirklichung:

,, Ich erkenne, daß ich ein spirituelles Wesen bin, das die Fähigkeit hat, das eigene Gemüt in Übereinstimmung mit dem universalen Gemüt zu gebrauchen. Ich bringe Klarheit in meine Gedanken, treffe kluge Entscheidungen, und lasse meine schöpferischen Bestrebungen meiner Umgebung zugutekommen. Ich plane weise, gehe durch Probleme in die Lösungen und akzeptiere Herausforderungen als Gelegenheit, mich zu entfalten und fähiger zu werden.''

,,Die Vorstellungskraft könnte mit Adams Traum verglichen werden: Er erwachte und fand ihn wahr.''

John Keats

,,Die primäre Vorstellung sehe ich als die Lebenskraft an, als den ersten Vermittler menschlicher Wahrnehmung und als eine im begrenzten Gemüt stattfindende Wiederholung des ewigen Schöpfungsaktes des unendlichen Ich-Bin. Die sekundäre Vorstellung löst auf und zerstreut, um neu zu schaffen. Wo das nicht möglich ist, bemüht sie sich, unter allen Umständen Ideales hervorzubringen und Einheit zu schaffen. Sie ist im Wesen lebensvoll so wie alle Objekte (als Objekte) im Wesen starr und leblos sind.''

Samuel Taylor Coleridge

IV

Hole das Leben in Deine Welt durch schöpferische Vorstellung

Eine angeborene Fähigkeit des Menschen ist seine Vorstellungs-kraft, durch die er alles, was er sich wünscht, in seinem Gemüt ent-stehen lassen kann. Auf dem Bildschirm unseres Gemüts können wir alles, was wir uns vorstellen wollen, erscheinen lassen, sei es, um ein Problem zu lösen oder um ein Ziel zu setzen, um verschiedene Möglichkeiten zu vergleichen oder auch nur zum bloßen Vergnügen. Manchmal entfliehen wir den Schwierigkeiten des Lebens durch un-sere Tagträume oder den Flug unserer Phantasie. Wenn jedoch die Vorstellung willentlich gelenkt wird, benutzen wir ein schöpferisches Werkzeug, mit dem wir nahezu Wunder vollbringen können.

Für die Anwendung der Vorstellungskraft für schöpferische Ziele ist es wesentlich, Verantwortung für die Bilder unserer Vorstellung zu übernehmen. Ein selbstverwirklichter Mensch kann mit soviel Substanz der Welt umgehen, wie er bereit ist, Verantwortung dafür zu übernehmen. Wenn unser Fassungsvermögen gering ist, werden unsere Fähigkeiten ebenfalls gering sein. Ist unser Fassungsvermö-gen groß, werden sich unsere Fähigkeiten in gleichem Maße entfal-ten. Sobald wir zielorientiert sind, mobilisieren wir alle unsere inneren Kräfte für die Verwirklichung dieses Ziels. Menschen ohne Selbstver-wirklichung benutzen auch ihre Vorstellungskraft, jedoch unbewußt. Sie sehen nur zufällige Gedanken und Bilder in ihrem Gemüt auftau-chen, und nur selten ergreifen sie das eine oder andere Bild mit der Absicht, es zu verwirklichen, es zu ihrer Erfahrung zu machen.

Dann und wann sagt mir jemand: „Ich bin einfach nicht in der Lage, mir etwas vorzustellen. Ich kann einfach keine Bilder in mei-nem Gemüt hervorbringen." Doch wenn man diesen Menschen fragt, was er während der Ferien oder bei sonst einer erfreulichen Begebenheit getan hat, ist er durchaus in der Lage, auf das genaueste die Plätze, die er besucht hat, die Speisen, die er gegessen hat und die wunderbaren Erlebnisse, die er hatte, zu beschreiben. Er hat nur nicht gelernt, sich deutliche Bilder von vorgestellten Situationen zu machen, und doch sind es eben solche Gedankenbilder, die in seinem Gemüt auftauchen, wenn er seine Ferienerlebnisse beschreibt.

Während wir im Schlaf träumen, laufen innere Bilder in unserem Gemüt ab, die wir wahrnehmen. Auch wenn wir ganz entspannt in Tagträumerei versunken sind, beobachten wir Gedankenbilder. Wer lernt, diese Bilder bewußt und zielgerichtet zu lenken, kann günstige Veränderungen in seinem Leben und in seiner Umgebung hervorrufen. Denke jetzt einmal darüber nach: Hast Du Dich nicht, nachdem Du die Erfüllung eines Wunsches erfahren hast, an die Zeit zurückerinnert, in der Du den Wunsch hattest und Dich nach seiner Erfüllung sehntest? Bist Du fähig, eine Verbindung des Wunsches mit seiner äußeren Verwirklichung herzustellen? Vielleicht hast Du erwartet, daß irgend etwas geschieht – und es geschah. Vielleicht wolltest Du eine Erfahrung machen, und Du hast sie gemacht. Vielleicht warst Du offen für Dein nicht geplantes, aber doch erwartetes Glück, und das Glück kam zu Dir in einer Weise, die Du nicht voraussehen konntest.

Sollte die Anwendung der schöpferischen Imagination noch neu für Dich sein, mache Dir den Prozeß an einem einfachen Ereignis klar. Versuche die Anwendung an einem Projekt, das nicht allzu wichtig ist, denn wenn es nicht so wichtig ist, wird es leichter sein, „daran zu glauben“, ohne allzusehr mit den Ergebnissen beschäftigt zu sein. Das heißt, Du wirst Dich nicht sorgen, ob das Ergebnis eintritt und Dir daher auch nicht das Mißlingen statt des Erfolges einbilden. Vielleicht gibt es irgendeinen kleinen Gegenstand, den Du für Dein Zuhause oder Dein Büro haben möchtest, vielleicht ein Buch oder etwas dergleichen. Nun sieh Dich selbst im Besitz dieses Gegenstandes und laß dann den Wunsch von der bewußten Ebene des Denkens auf die unterbewußte hinabsinken. Schon nach wenigen Stunden oder Tagen wird dieser Wunsch erfüllt sein, auch wenn Du nichts dafür tust. Du kannst mit anderen Dingen beschäftigt sein, und dennoch wird das innere Bild in kurzer Zeit als Erfahrung außen vor Dir stehen, wie Du es gewünscht hast.

Warum verläuft dieser Prozeß so mühelos und fehlerfrei? Weil wir durch das von uns benutzte Gemüt mit dem größeren, universalen Gemüt in Übereinstimmung sind. Wenn ein Wunsch auf der Ebene des Unterbewußtseins gespeichert wird, ist er Teil des Unterbewußtseins des größeren, universalen Gemüts, und durch vielerlei Kanäle wird dieser Wunsch verwirklicht. Jeder erfüllbare Wunsch trägt in sich selbst den Samen der Verwirklichung. Mit erfüllbar meine ich, daß der Wunsch in Beziehung steht zu dem, was in Raum und Zeit und Übereinstimmung der Naturgesetze möglich ist.

Wenn wir diese Prinzipien von Ursache und Wirkung anwenden, sollten wir immer selbstlos sein und das Beste für alle Beteiligten wünschen. Wir haben nicht das Recht, in jemandes Gemüt einzudringen und für ihn zu entscheiden, es sei denn, er hätte uns das erlaubt, oder wir sind ohnehin für sein Wohlergehen verantwortlich. Dennoch werden wir ihm früher oder später die Freiheit geben müssen, über seine Beziehungen selbst zu entscheiden. Wir sollten niemals den Versuch machen, andere für selbstsüchtige Zwecke zu manipulieren. Es gibt Menschen, die manipulierbar sind, weil sie keine eigene Entschlußkraft haben. Doch wenn wir diese Grundsätze für selbstsüchtige Zwecke anwenden, schaffen wir uns selbst Probleme.

Schöpferische Vorstellung als besonderer Prozeß

Wenn Du weißt, was Du erfahren willst, wenn Du Dir über Dein Ziel klar bist und nach einer Methode suchst, wie Du es erreichen kannst, dann gehe in der folgenden Weise vor:

1. Sitze aufrecht, lehne Dich in einem bequemen Stuhl zurück oder lege Dich hin. Versichere Dich, daß Du bequem und entspannt sitzt, vermeide jedoch eine Stellung, die zum Schlafen verführt. Laß das mentale Feld klar werden und Deine Gefühle zur Ruhe kommen. Versenke Dich in die Gewißheit, daß dem größeren Gemüt des Lebens alle Dinge möglich sind.

2. Stelle Dir innerlich eine Szene vor, die die Erfüllung des Wunsches, den Du gerade hast, einschließt. Stelle Dir mit Deinem inneren Auge vor, daß Du in aller Wirklichkeit die Früchte der Erfüllung Dei-

nes Wunsches genießt. Stelle Dir in diesem Augenblick nicht vor, wie das geschieht. Genieße einfach die Wonne der Erfüllung.

3. Gib Dich mit allen wachen Sinnen ganz dieser Erfahrung der Erfüllung hin. Fühle die Wirklichkeit und die Gegenwärtigkeit dieser Erfahrung. Analysiere nicht, forsche nicht, stelle Dir keine gegenteiligen Möglichkeiten vor und störe auch nicht anderswie die Wonne der Erfüllung.

4. Wenn sich auf natürliche Weise ein leichter Schlaf einstellt, dann gib Dich der Erfahrung dieses erfrischenden Schlafes hin oder genieße das Gefühl der Erfüllung, bis es in die tieferen Schichten Deines denkenden und fühlenden Gemüts hinabsinkt und Du in der Lage bist, von dieser Übung mit einem ausgeruhten, dankbaren und glücklichen Gefühl aufzustehen.

Solltest Du aufgrund natürlicher Veranlagung fähig sein, Dir ein Ziel als erreicht vorzustellen, ohne daß Du Dich dieser Methode bedienen mußt, dann arbeite von dieser Ebene aus. Viele Menschen sind so selbstverwirklicht, daß sie nur einen Wunsch fühlen und ihnen dieser automatisch erfüllt wird.

Eine andere günstige Zeit für diese Übung ist kurz vor dem Schlafengehen. Sobald der Körper entspannt ist und sich das Gemüt nach innen wendet, stelle Dir die Lebensbedingungen vor, die Du für Dich und für diejenigen als ideal ansiehst, mit denen Du Dein Leben teilst. Du brauchst Dir nicht immer Einzelheiten auszumalen. Es genügt, wenn Du Dir in Bildern vorstellst, wie schön das Leben sein kann und in Deinem augenblicklichen Bewußtseinszustand schon ist. Versenke diese Einstellungen und Überzeugungen in den Boden des Unterbewußtseins und Du wirst günstige Veränderungen in Deinem täglichen Leben feststellen.

Solltest Du bei Anwendung der schrittweisen Methode nicht in der Lage sein, Deine Aufmerksamkeit gesammelt genug auf die vorgestellten Bilder zu richten, dann bediene Dich der Macht des gesprochenen Wortes als Bestärkung. Sieh in Deiner Vorstellung einen Freund, dem Du vertraust, der vor Dir steht und Dich bei Deinem Namen nennt. Laß ihn sagen: „(Deinen Namen), ich bin so froh, daß Du jetzt erfüllt bist und Deine geheimsten Träume sich erfüllt haben." Du antwortest dann mit einem Satz, vom Gefühl Deiner Zustimmung zu seiner Feststellung getragen. Du könntest innerlich sagen: „Ich danke Dir (Name der Person) und freue mich über Deine Anerkennung meiner jetzigen glücklichen Lage." Damit benutzt Du die Macht der Sprache, um Deine Gedanken zu ordnen und Deine Gefühle und Überzeugungen richtig zu lenken. Das Endergebnis ist das, was Du erreichen willst. Jede Methode, mit der Du eine Verwirklichung verursachen kannst, ist nützlich.

Wenn Du den Prozeß einmal durchlaufen hast, ist es nicht nötig, ihn zu wiederholen, es sei denn, daß Du unsicher wirst oder den Glauben verlierst. Wenn Du fest verankert bist in der Überzeugung, daß Du das Ziel so gut wie erreicht hast, ungeachtet der momentanen äußeren Umstände und Bedingungen, ist es sicher, die gewünschten Ergebnisse zu erzielen.

Solltest Du nach Anwendung dieser Methode inspiriert sein, irgendetwas Schöpferisches zu tun, durch das Du Deinem Ziel näher kommst, dann handle entsprechend. Wenn Du nicht weißt, was Du tun sollst, dann überlasse das Ergebnis dem Leben, denn das größere, universale Gemüt ist empfänglich und weiß, wie es unser Bild vollenden kann, auch wenn uns nichts dazu einfällt. Sei aufgeschlossen für jede Gelegenheit und ebenso für jede Führung. Das Leben wird Deine Träume erfüllen durch für Dich unerwartete Kanäle, von deren Existenz Du gegenwärtig nicht einmal weißt.

Ich habe festgestellt, daß es zwei Hauptgründe gibt, aus denen jemand, der diese Methode kennt, sich weigert, sie anzuwenden. Der eine ist, daß er sich fürchtet, für seine Gedanken und Taten Verantwortung zu übernehmen. Der andere ist, daß er befürchtet, sich irgendwie in den Prozeß der Natur einzumischen. Zum ersten: Früher oder später müssen wir Verantwortung übernehmen. Im zweiten Fall müssen wir beachten, daß wir die Methode stets nur in Übereinstimmung mit dem natürlichen Gesetz benutzen und niemals irgendetwas für uns selbst oder für andere wünschen, was nicht dem höchsten Wohl und der Erfüllung dient.

Manchmal erfahren wir im Verlauf des Prozesses, daß die Fenster des Gemüts sich öffnen und nahezu unbegrenzte Möglichkeiten sichtbar werden. Triff eine weise Wahl und öffne Dich dann dem unbegrenzten Guten. Vielleicht hält das Leben noch Besseres für Dich bereit, als Du Dir vorstellen kannst. Akzeptiere diese Möglichkeiten und sei offen für die Güte des Lebens. Manchmal kommt die mentale Tätigkeit zur Ruhe und es ist so, als wenn wir unsere Zukunft vor uns sehen. Wir ahnen, was sich entfaltet, und nach kurzer Zeit geschieht es tatsächlich. Wenn es so ist, bedienen wir uns der Intuition, der Fähigkeit zu wissen, indem wir wissen. Manchmal erkennen wir Dinge am Trend der Zeit, manchmal werden wir tieferer mentaler Strukturen bewußt, die zukünftige Ereignisse verursachen. Mitunter sind wir aufgeschlossen für etwas, was uns bereits zu gegebener Zeit bestimmt ist. Im letzteren Fall haben wir hellseherische Wahrnehmungen, denn wir können sogar Dinge erkennen, die andere Menschen betreffen und völlig neu für uns sind. Wenn unsere inneren Vorstellungen sich dann verwirklichen, sagen wir: „Ich wußte, daß dies so eintreffen würde, wie es eingetroffen ist. Ich hatte keine Beweise, aber jetzt ist es genau so gekommen, wie ich vorhergesehen habe."

Was tun wir zwischen dem Jetzt und der Erfüllung?

Wir suchen innerliche Erfüllung, auch wenn die äußeren Bedingungen zu verändern sind. Während wir darauf warten, daß unsere Wünsche sich verwirklichen und unsere Träume wahr werden, sollten wir uns darauf vorbereiten, der Verantwortung gerecht zu werden, die mit den neuen Bedingungen verbunden ist, die mit Sicherheit eintreten wird. Wir wollen in der Lage sein, den neuen Bedingungen innerlich reif und verantwortlich zu begegnen. Wir bereiten uns darauf vor, indem wir unsere Fertigkeiten verbessern, unsere Kenntnisse erweitern und in jeder Weise sichergehen, daß wir der Situation, die wir uns vorstellen, gewachsen sind. Mir sind Männer und Frauen begegnet, die den ehrlichen Wunsch nach Erfüllung in einem oder mehreren Bereichen ihres Lebens hatten, aber nichts dafür taten, um sich darauf vorzubereiten. Wir können sagen: „Vielleicht gibt es eine Pause" oder „Vielleicht habe ich Glück" oder „Der Zufall hilft mir". Ja, aber was ist, wenn die Pause eintritt oder das Glück uns zulächelt, und wir sind der Situation nicht gewachsen? Darum bereite Dich darauf vor und tue alles, was Du tun kannst, um ein gesunder, tüchtiger Mensch zu sein. Denke, fühle und handle, als ob ein Mißlingen unmöglich wäre. Wenn Du Dir einen Zeitpunkt festgesetzt hast, bis zu dem Du ein Projekt durchgeführt haben willst, halte Dich an ein bestimmtes Programm, durch das Du mit jedem Tag dem Ziel näherkommst. Tue alles, um Dein Gemüt mit Informationen und Beweisen zu füttern, die zeigen, daß Du Dich entfaltest und auf dem Weg zur Verwirklichung bist.

Wenn Du eine Ferienreise unternehmen willst, es aber unmöglich scheint, das Geld dafür zusammenzubringen oder freie Zeit dafür zu finden, dann tue alles, um Dich darauf vorzubereiten. Zunächst solltest Du Dir innerlich vorstellen, daß Du die geplante Ferienreise schon genießt. Kaufe Reiseprospekte, betrachte die Bilder, lies die Beschreibungen der Orte und dortigen Ereignisse und stelle Dir vor, bereits dort zu sein. Wenn nötig, triff Deine Vorbereitungen auf Monate im voraus und je mehr Du Dich dem festgesetzten Zeitpunkt näherst, umso leichter werden sich die äußeren Bedingungen darauf einstellen. Wenn Du ein Grundstück kaufen willst, um ein Haus zu bauen, aber nicht das Geld dafür hast, gehe und besichtige geeignete Grundstücke und mache Deine Bauzeichnungen. Komme der Vollendung so nahe wie möglich. Während Du das tust, werden schöpferische Ideen auftauchen und Gelegenheiten sich von selbst einstellen. Handle so, als wenn der Erfolg bereits gesichert wäre. Sei der, der Du sein kannst. Tue die Dinge, die Du tun kannst, und die Ergebnisse werden sich von selbst einstellen.

Wenn ich ein Buch schreibe wie das, das Du gerade in Deinen Händen hältst, folge ich einem vielfach bewährten Weg. Zuerst entsteht in meiner Vorstellung der Gedanke, ein Buch zu schreiben. Dabei denke ich gleichzeitig auch über den Titel und den ungefähren Ablauf nach. Ich sehe innerlich sogar schon den Buchumschlag und habe eine klare Vorstellung von der Seitenzahl, die das Buch umfassen wird. Herstellungskosten, Verkaufspreis, Werbeanzeigen und was sonst noch dazugehört, fallen mir ein und ich sehe das ganze Projekt schon in meiner Vorstellung vollendet, bevor ich mit dem ersten Kapitel beginne. Dann fange ich an. Ich überlege, wie lange es dauern wird, das Manuskript zu tippen und ich schätze, wie viele Seiten ich jeden Tag schreiben muß, um zu dem von mir festgesetzten Zeitpunkt fertigzuwerden. Ich öffne mich neuen Gedanken während ich schreibe, und auch in Zeiten, in denen ich nicht schreibe. Ich lasse den Umschlagentwurf machen, lege ein Muster davon um ein Buch und stelle es auf mein Bücherbord. Das ermöglicht mir, das fertige Produkt zu sehen, bevor mit dem Buchsatz und dem Druck begonnen wird. Ich tue alles, um das fertige Buch vor meinen Sinnen real zu machen.

Ein ähnliches Verfahren kann bei fast allen Projekten angewandt werden, mit denen wir uns befassen wollen. Wenn wir ein Teil des schöpferischen Prozesses sind, dann müssen wir unsere Rolle übernehmen, damit alles andere eintreten kann. Wenn wir eine gute schöpferische Idee haben, werden die evolutionären Energien in der Natur die richtigen Leute und die richtigen Umstände zusammenbringen, um diese Idee zu verwirklichen. Schöpferische Ideen sind das Wichtigste, denn ohne Ideen, ohne Träume geschieht nichts Neues, nichts Ungewöhnliches in der Welt. Der Kreislauf geht weiter in der bisherigen Weise, wenn nicht neue Umstände oder ein schöpferischer Wille hinzukommen. Mit Strom versorgte Häuser entstehen nicht von selbst. Raumschiffe materialisieren sich nicht auf der Abschußrampe. Alles, was heutzutage zur Bequemlichkeit des Menschen gehört, war nicht da, als die Welten geschaffen wurden. Der Mensch nutzt die vorhandenen Rohstoffe und Energien und gestaltet daraus mit Hilfe seiner schöpferischen Vorstellungskraft und technischen Fertigkeiten seine Umgebung entsprechend seinen Bedürfnissen.

Wir haben schon darauf hingewiesen, wie wichtig es ist, unsere Ideen nicht solchen Menschen mitzuteilen, die unsere Begeisterung eindämmen oder uns erklären könnten, daß unsere Ideen undurchführbar und nur Zeitverschwendung sind. Vermeide unter allen Umständen mentale Vergiftung. Bete im Geheimen, träume im Geheimen, visualisiere im Geheimen und lasse die Ergebnisse für sich selbst sprechen. „Besser getan, als darüber gesprochen," lautet ein Sprichwort und ein anderes: „Rede nicht darüber, zeige es mir", und „Taten sprechen lauter als Worte". Ergebnisse sind der wichtige Abschluß jeder schöpferischen Tat.

Benutze diese Methode,
um Deine Träume der Wirklichkeit näherzubringen

Ich kenne Leute, die, wenn sie ihre Zukunft planen, ein „Wunsch-buch" schreiben, indem sie sich ein großes Notizbuch anlegen, in das sie ihre Ziele eintragen. Sie notieren auch ihnen bekannte Hindernis-se, die ihren Zielen im Wege sind, sowie die Möglichkeiten zur Be-seitigung dieser Hindernisse. In dieses Buch tragen sie Bejahungen ein sowie schöpferische Ideen, die sie ausführen wollen. Sie gehen noch weiter. Sie fügen Fotos und Zeichnungen der Dinge, die sie wünschen, hinzu und alles, was ihnen hilft, ihre Träume in ihrem Be-wußtsein wirklicher werden zu lassen. Indem sie dies tun, klären sie ihre Gedanken, öffnen sich für Ideen, füttern ihr denkendes und füh-lendes Gemüt mit Daten, die ihre schöpferischen Absichten unter-stützen und kommen auf diese Weise so nah wie möglich an ihr Ziel und an die Erfüllung ihrer Vorstellungen heran. Fotos lassen sich aus Büchern und Zeitschriften, Katalogen und Prospekten oder aus an-deren leicht erreichbaren Quellen beschaffen. Ich kenne Leute, die, wenn sie ein bestimmtes Projekt fertigstellen wollen, ein Foto oder eine Zeichnung davon neben den Spiegel des Badezimmers, auf den Kühlschrank oder auf einen anderen leicht sichtbaren Platz stellen. Immer, wenn sie das Bild betrachten, prägt es sich ihrem Unterbe-wußtsein ein, tiefere Ebenen des Gemüts nehmen es auf und der schöpferische Prozeß läuft weiter in Richtung Verwirklichung.

Es ist nicht ungewöhnlich nach dem Beginn eines Projektes fest-zustellen, daß es nicht wirklich der Mühe wert ist oder wir mit dem Projekt begonnen haben, noch bevor wir genug darüber nachgedacht haben. Kein Problem: ändere einfach Deine Pläne oder gib sie ganz auf. Denke daran, Du bist Herr über Dein Gemüt und Du hast völlige Freiheit, die Richtung zu ändern und neue Entscheidungen zu tref-fen. Mit einem Irrtum aufgrund einer falschen Beurteilung zu leben, heißt sich selbst behindern. Indem wir überhaupt bereit sind, Ent-scheidungen zu treffen, lernen wir durch Erfahrung, meist richtig zu entscheiden. Wenn wir ganz selbstverwirklicht sind, werden wir au-tomatisch immer die richtige Entscheidung in allen Fällen und unter allen Umständen treffen.

Von großer Wichtigkeit für viele Menschen ist zu wissen, worauf sie ihre Aufmerksamkeit richten und wie sie ihr Leben führen sollen. Hört man nicht oft von einem Freund: „Ich bin einigermaßen zufrieden, aber ich meine, daß ich nicht das tue, was ich eigentlich tun sollte." Sollte das Deine Herausforderung sein, dann wende die dargelegten Grundsätze an, damit Du den richtigen Platz im Leben findest. Beim Untersuchen verschiedener Wege und Möglichkeiten stolperst Du vielleicht auch irgendwann einmal an Deinen richtigen Platz, den Platz Deiner Bestimmung. Es gibt jedoch noch einen einfacheren Weg, um mit dem Leben in eine erfüllende Beziehung zu kommen. Benutze die Technik der schöpferischen Vorstellung, um Dich innerlich als ein vollkommener Mensch zu sehen und zu fühlen. Durch Erfahren innerer Erfüllung, auch wenn sie im Augenblick äußerlich nicht sichtbar ist, werden Dich die inneren Einflüsse in eine ideale Beziehung mit der Welt führen, das ist das Gesetz.

Vielleicht fragst Du: „Wie kann ich mich erfüllt fühlen, wenn ich keinen sichtbaren Beweis für die Echtheit meines Gefühls habe?" Öffne die Fenster Deines Gemüts und Du wirst feststellen, daß eine gute, schlechte oder gleichgültige Stimmung oft durch die Ereignisse in Deiner Umgebung verursacht wird. Wenn Umwelteinflüsse zu einer Änderung Deiner Stimmungen und Einstellungen führen können, dann ist das umgekehrt genauso möglich. Wenn Du in Dir die erwünschte Einstellung und Stimmung hervorrufen kannst, wird sich das in Deiner Umgebung in entsprechenden Ereignissen und Umständen haargenau widerspiegeln. Alle Macht ist innerlich. Macht und Einfluß sind nicht außerhalb von uns, wenn wir erst einmal das Gesetz verstanden haben.

Es mag auch sein, daß Deine augenblickliche Lebenssituation für Dich ideal ist, und daß Du nur ruhelos und wirklichkeitsfremd bist. Den wahren Platz im Leben zu finden, den Platz, an dem Du am besten dem Ganzen dienen und funktionieren kannst, liegt in Deiner eigenen Verantwortung. Das Ideal ist, irgendwie der Welt nützlich zu sein und gleichzeitig Dein angeborenes Potential in einem Beruf oder in einer Tätigkeit zu entfalten, die höherführend, fördernd und gewinnbringend für Deine Welt ist. Nimm Dir vor zu dienen. Nimm Dir vor zu tun, was getan werden muß. Wenn Du die Arbeit, die Du

tust, wirklich gerne tust, und die Menschen liebst, wirst Du unglaub-
liche Energien in Dir fühlen und einen endlosen Strom schöpferischer Ideen. Du wirst glücklicher, gesünder und leistungsfähiger
sein, wenn Du mit dem Leben in Übereinstimmung mit der eigenen
Absicht des Lebens fließt, die darin besteht, den evolutionären Prozeß zu erfüllen.

Während Du diese Gedanken liest, bringe Dich dazu, entsprechend zu handeln. Wende die Verfahren und Methoden an. Vielleicht hast Du sofort Erfolg, vielleicht mußt Du auch zuerst eine Zeit
scheinbarer Erfolglosigkeit durchlaufen. Habe Ausdauer und Geduld. Erkenne, daß sich innere Veränderungen einstellen und nach
kurzer Zeit wirst Du den Beweis der Nützlichkeit der angewandten
Grundsätze und der Einflüsse, die Du in Bewegung gesetzt hast, bemerken. Vermeide, Dich mit Dir selbst in einem Maße zu beschäftigen, das Dich ichbezogen werden läßt. Übe Dich darin, offen, vertrauensvoll und aufnahmebereit für die Führung des Lebens zu sein.
Denke daran, daß Du in Partnerschaft mit der Intelligenz des Universums bist in allem, was Du tust. Wenn Du darauf bedacht bist, ein
ideales Leben zu führen und die Tugenden zu entwickeln, sind Dein
Glück und Deine wahre Erfüllung gesichert. Laß Dich von den Worten Ralph Waldo Emerson's inspirieren: „Was hinter uns liegt, und
was vor uns liegt, ist geringfügig im Vergleich zu dem, was in uns
liegt."

MERKE:

1. **Fühle Dich für Deine Vorstellungen verantwortlich.**
2. **Wende die Technik der schöpferischen Vorstellung zuerst auf
   einfache Dinge an.**
3. **Gehe noch einmal die vier Stufen der schöpferischen Vorstellung
   durch.**
4. **Sei praktisch im Setzen und Erreichen Deiner wichtigen Ziele.**
5. **Lerne erfüllt zu sein, ungeachtet der vorübergehenden äußeren
   Bedingungen.**

Plan zur Zielverwirklichung
SCHÖPFERISCHE VORSTELLUNGSKRAFT

Ziel oder letztendlicher Zweck:

Bejahe: *,,Ich vollende meine Zwecke und erreiche meine Ziele durch intelligentes Engagement und mit Gottes Hilfe."*

Schritte zur Verwirklichung:

Eventuelle Hindernisse oder Begrenzungen:

Lösungen und Handlungsabläufe:

Bejahe: *,,Ich erkenne Lösungen, gehe diese Schritte zur Verwirklichung und erreiche meine gesteckten Ziele."*

Was erwarte ich als Ergebnis dieses Planes zur Verwirklichung:

Verwirklicht:—————————— Datum:————————————

Verwirklicht:—————————— Datum:————————————

Verwirklicht:—————————— Datum:————————————

Notiere Ausführungen und Vollendungen kurzfristiger und langfristiger Ziele. Benutze leere Seiten dieses Buches oder ein zusätzliches Notizbuch, um Ziele zu planen und Ergebnisse zu notieren.

Richtlinien zur Verwirklichung

Mache Dir Deine Bedürfnisse und Ziele bewußt. Weiche nicht Deinen Verantwortlichkeiten und Deinen Pflichten aus. Sei ehrlich mit Dir selbst. Erkenne Deine Bedürfnisse und stille sie. Erkenne Deine Ziele und verwirkliche sie. Du bist geboren, um frei zu sein. Du bist geboren, um leistungsfähig zu sein. Du bist geboren, um sinnvolle Dinge in dieser Welt zu tun. Nur zwanghafte und selbstsüchtige Wünsche führen zur Unfreiheit. Habe den Wunsch, vollkommene Erfüllung, die angeborene und natürliche Veranlagung eines jeden Menschen, zu erfahren, zu entfalten, und schöpferisch zum Ausdruck zu bringen. Wende die Technik der schöpferischen Vorstellung richtig und zielbewußt an. Lerne, die Zustände des Bewußtseins zu beherrschen und spielend mit der Substanz dieser Welt umzugehen.

Zur Betrachtung und Verwirklichung:

,,Ich bin Meister meiner Vorstellungsbilder und meiner Gefühle. Ich sehe durch die Erscheinungen das, was wirklich ist, das, was möglich ist und das, was ideal ist für mich und für andere. Meine angeborene Intelligenz lenkt mich in allem Tun, während ich mich für eine bewußtere Beziehung mit dem Leben öffne.''

Notizen für Pläne und Projekte

,, Wenn Du Deine Türen schließt und innen verdunkelst, sage niemals, Du seist allein, denn Du bist nicht allein. Gott ist im Innern, und Dein Genius ist im Innern und wozu brauchen sie Licht, um zu erkennen, was sie tun?''

Epictetus

,,Möge der Mensch erhöht werden, indem er über die höchste Wirklichkeit nachdenkt, die in ihm ist. Für den, der aufgrund göttlicher Kontemplation über das spirituelle Wesen, seine menschliche Natur besiegt, dem ist das innerste Leben ein Freund; doch für den, der sein wahres spirituelles Wesen nicht erkannt hat, erscheint das innerste Leben wie ein Feind. Wer die Neigungen seiner menschlichen Natur überwunden und Selbstbemeisterung erlangt hat, ist inmitten aller Gegensätze in seinem wahren Wesen verankert und lebt im Frieden.''

Bhagavad Gita

V

Meditation als bewußte und dynamische Methode

Ob auf dem Lande, in einer Großstadt der Vereinigten Staaten oder in einem anderen Land, wann immer ich über Meditation spreche, gibt es begeisterten Zuspruch. Der Grund dafür ist, daß sich die Menschen ihrer Beziehung zum größeren Leben bewußt werden wollen, und richtig geübte Meditation ist der Weg dahin.

Meditation gibt uns die Gelegenheit, den Körper zu entspannen, das Nervensystem zu beruhigen, das mentale Feld zu klären und unser wahres Wesen als reines Sein zu erfahren. Während anfänglich für die Meditation bestimmte mentale Verfahren geübt werden, lassen wir beim Fortschreiten in der Meditation die Aufmerksamkeit in die tieferen Schichten des Bewußtseins fließen und lenken uns buchstäblich von jeder mentalen Beschäftigung ab. Darum wird Meditation oft als transzendentale Erfahrung bezeichnet. Wir transzendieren die Identifikation mit den physischen und mentalen Vorgängen während der höchsten Erfahrung der Meditation.

Richtig geübte Meditation ist weder eine Form, sich selbst zu programmieren noch Selbsthypnose. Zwar kann man durch Hypnose und einige Formen der Selbstprogrammierung eine gewisse Entspannung und einen gewissen Erfolg in der Klärung mentaler, emotionaler und körperlicher Strukturen erreichen, doch wer Selbstverwirklichung sucht, hegt den Wunsch, vollkommen zu erwachen und als bewußtes Wesen wirklich frei zu sein.

Warum wir regelmäßig meditieren sollten

Durch Üben der bewußten und dynamischen Meditation gewinnen wir vielerlei. Beachte, daß ich bewußt und dynamisch betone. Teilweises Gewahrsein und passive Meditation ist nicht genug für das Erstreben des höchsten Ziels. Absinken in den Grenzbereich des Unbewußten, ist den höheren Zielen nicht dienlich. Passiv zu bleiben und den auftauchenden Gedanken zu folgen, ist nicht das Ziel. Der Zweck der Meditation im höchsten Sinne ist es, daß wir bewußt im Gewahrsein des unbegrenzten Wesens ruhen. Ein Nichtmeditierender mag fragen: „Warum möchtest Du dasitzen ohne zu denken, wo man so viele schöne Gedanken denken kann und wo es so viele schöne Dinge gibt, die man tun kann?" Wir ruhen während der Meditation in völlig bewußtem Gewahrsein des Wesens. Das Ergebnis davon ist, daß wir unsere Aufmerksamkeit mit sehr viel größerer Wahrnehmungsfähigkeit auf das Denken und Inbeziehungtreten richten können. Regelmäßige Meditation bringt große Gewinne. Einige möchte ich hier besprechen:

1. Tiefe Meditation beruhigt das Nervensystem und das Gehirn weit mehr als normaler Schlaf. Oft ist das Gehirn auch während des normalen Schlafes tätig und das Nervensystem wird nicht von allen Spannungen befreit. Millionen meditieren, nicht um Selbstverwirklichung zu erreichen, sondern weil ihr Arzt ihnen das zur völligen Entspannung und Befreiung von Streß empfohlen hat. Streß ist die meistverbreitete Ursache von innerem Unwohlsein und körperlicher Krankheit. Bei Tests wurde festgestellt, daß der Bluthochdruck beim Meditierenden zurückgeht, die Gehirnwellen ruhige bewußte Aufmerksamkeit anzeigen und der Körper weniger Sauerstoff braucht, während gleichzeitig die Kohlendioxydwerte abnehmen. Die der Entspannung dienende Meditation ist eine Vorübung zu schöpferischer Vorstellung und der Beginn bewußter Beherrschung innerer Vorgänge, von denen man vorher annahm, daß sie außerhalb der Kontrolle lägen. Es ist mittlerweile erwiesen, daß ein Mensch mit richtiger Anleitung durch schöpferische Vorstellung seine inneren Bedingungen so weit ändern kann, daß die heilenden Kräfte veranlaßt werden können, die bisher nicht normal ablaufenden körperlichen Funktionen

zu korrigieren. Der Grund dafür ist, daß das Wesen, der wahre Mensch, höher steht als die mentalen Funktionen und über diese auf den Körper einwirkt. Von einem höheren Standpunkt aus könnte man sagen, daß das mentale Feld und der physische Körper in Wahrheit in uns enthalten sind, und nicht wir in ihnen.

2. Meditation erweckt die schlafenden Lebenskräfte des Körpers, die nicht nur dazu beitragen, die Körperfunktionen zu regulieren, sondern auch den Verfallprozeß des Körpers aufzuhalten. Infolge völliger Entspannung und mentaler Klärung in der Tiefenmeditation, können überbewußte Kräfte der Seele in das mentale Feld und in den physischen Körper einströmen. Im Verlauf seines normalen Lebens sammelt der durchschnittliche Mensch geistige Konfliktstoffe, leidvolle Gefühlseindrücke und körperliche Schwäche an. Diese werden soweit bereinigt, daß die seelische Kraft in die tieferen Bereiche des Organismus eindringen kann. Sogar die destruktiven mental-emotionalen Triebe und Neigungen können abgewehrt, abgeschwächt und schließlich durch den Einfluß des Überbewußtseins geläutert werden. Wir erkennen daraus, daß bewußte und dynamische Meditation weit mehr ist als ein Zustand des Halbschlafes, in dem wir uns für eine gewisse Zeit erholen.

3. Meditation erweckt die Intuition, die natürliche Fähigkeit, unmittelbar zu erkennen, und klärt den Intellekt, wodurch wir befähigt werden, durch geschärftes Unterscheidungsvermögen Lösungen anstatt Probleme und die wahre Wirklichkeit anstelle der angenommenen zu erkennen. Bei vielen Menschen ist die Intuition unterdrückt, außer in zufälligen Augenblicken der Transzendenz. Vielen mangelt es auch an scharfer Beobachtungs- und Unterscheidungsgabe, weil mentale Verwirrung und die daraus resultierende „Wolke des Nichtwissens" durch das Gemüt zieht. Wenn wir richtig und regelmäßig meditieren, wird das mentale Feld zunehmend geläutert und verfeinert.

4. Als ein Ergebnis der Meditation stellen wir fest, daß konstruktive Impulse, Neigungen und Motive von selbst auftauchen und die Oberhand gewinnen. Mit einfachen Worten ausgedrückt: Meditierende sind nettere Leute. Ihre Wertvorstellungen ändern sich in dem Maße, wie sie innere Umwandlung erfahren. Es ist auf die Dauer ge-

sehen unmöglich, daß ein Meditierender die durch seine Übungen erwachten Fähigkeiten mißbraucht. Der Grund dafür ist, daß mit zu-
nehmendem Gewahrsein auf der Seelenebene das Moralgefühl enthüllt wird, und wir eher bereit sind, in Kategorien der einen Menschheit und der einen Welt zu denken.

5. Da die Meditation uns befähigt, mentale Verfeinerung zu erleben, können wir tiefe Befriedigung im Zentrum unseres Seins erfahren. Diese Befriedigung ist erfüllender als jede vorübergehende Befriedigung durch unweisen Gebrauch der Sinnesorgane oder durch
Gebrauch von schädlichen Stoffen. Weil man in der Meditation tiefe
innere Befriedigung erfährt, ist es leichter, Abhängigkeiten an Beziehungen und Betätigungen aufzugeben, die dem Ziel der Selbstverwirklichung nicht dienlich sind. Was man nicht durch Willenskraft
und feste Entschlossenheit erreichen konnte, kann man durch richtige Meditation erreichen.

6. Meditation bereitet uns auf die Kontemplation vor. Von einer
bestimmten Stufe der Verinnerlichung an sind mentale Einflüsse
nicht mehr vorhanden, wir können Probleme untersuchen, sind offen für die innere Führung, kontemplieren den Sinn des Lebens und
haben unmittelbare Einsicht in das, was wir untersuchen. Dieser Prozeß des Erforschens, der zum Wissen führt, wird „vollkommene
Kontemplation" genannt.

7. Weil wir günstige Veränderungen durch die Meditation erzielen, erreichen wir auch günstige Veränderungen in unseren Beziehungen zu anderen Menschen und zu unserer gesamten Umgebung.
Fortgeschrittene Meditationslehrer sagen, daß in einer Meditation, in
der wir bewußt in dem Gewahrsein unserer unbegrenzten Natur ruhen, feinstoffliche Einflüsse von uns ausgehen und einen wohltätigen Einfluß auf unsere persönliche Umgebung und auf das gesellschaftliche Bewußtsein ausüben. Da wir alle in Gemeinschaft sind
mit dem größeren mentalen Feld, teilen wir mit diesem größeren Feld
einen natürlichen konstruktiven Einfluß, wenn wir als geläuterte
Wesen wirken. Das „eine Gemüt, das allen Menschen gemeinsam
ist", wie der Transzendentalist Ralph Waldo Emerson, der in New
England lebte, sagte, wird gesünder und freier von Konflikten und
Trägheit. Während der Meditation werden die Gehirnwellen

synchronisiert, und das ermöglicht die Entfaltung und den Ausdruck des angeborenen Potentials im Menschen.

Regelmäßige Übungen werden für die Meditation empfohlen, da wir durch Üben Meister werden und so die Befriedigung der Ganzheit erfahren können. Wenn wir nicht regelmäßig üben, sammeln sich Streß und mentale und emotionale Konfliktstoffe im Organismus, ohne daß wir es überhaupt bemerken. Zwanzig Minuten täglich wird für Anfänger empfohlen. Sicherlich werden wir in der Lage sein, uns diese Zeit einzurichten, wenn wir bedenken, welche Vorteile die Meditation uns auf so vielen Ebenen bringt.

Wer sollte meditieren?

Jeder Mensch auf jedem Lebensweg kann durch das Üben der Meditation nur gewinnen. Welches Ziel er mit der Meditation verfolgt, muß jeder für sich selbst entscheiden: Zur Entspannung, als Vorübung zu schöpferischer Vorstellung oder Heilung, um reines Gewahrsein zu erreichen oder zu tieferer Kontemplation über ein bestimmtes Thema.

Wer im Berufsleben steht, mag meditieren, bevor er mit der Arbeit beginnt oder in einer Arbeitspause an seinem Arbeitsplatz. Eine Hausfrau mag am Morgen meditieren, nachdem die Familie das Haus verlassen hat. Es spielt keine Rolle, wann wir meditieren. Wichtig ist, daß es zu einer festgesetzten und regelmäßigen Zeit geschieht. Es ist sehr leicht, Kindern zu zeigen, wie man meditiert. Es macht ihnen nicht nur Spaß, sie kommen auch gut voran. Wer Kindern die Meditation erklärt, sollte bei den grundlegenden Dingen bleiben und jede Art von Phantastereien vermeiden. Jeder einigermaßen vernünftige Mensch kann meditieren, wenn er die Richtlinien befolgt. Wer von einer Meditationssitzung mit dem Gefühl der Verwirrung aufsteht, hat nicht richtig meditiert. Wer keine Erinnerung an das behalten hat, was sich während der Meditation ereignet hat, hat nicht bewußt meditiert. Es ist leicht zu meditieren. Alles, was nötig ist, ist der Wille zum Meditieren und dies regelmäßig zu tun. Einige, fast sofortige Ergebnisse der Meditation sind: Verbessertes Wohlbefinden, gesündere Lebenseinstellung, vermehrte Energie, mentaler Friede und emotionale Ruhe, besseres Verhalten, größere Leistungsfähigkeit bei der Arbeit und beim Studium.

Solltest Du Dich während des Tages unsicher oder unwohl fühlen, so ziehe Dich an einen ruhigen Platz zurück und meditiere noch zusätzlich zu den regelmäßigen Zeiten. Du wirst erfrischt sein, Dich besser konzentrieren können und leistungsfähiger werden.

Nicht alle Meditierende erreichen höchstes, unbegrenztes Gewahrsein. Sie werden jedoch feststellen, daß sie während des Tages, wenn sie gar nicht daran denken, Augenblicke innerer Erhebung, klare Wahrnehmung und ein Gefühl der Harmonie mit ihrer Umgebung verspüren.

Es ist sehr sinnvoll, wenn sich mehrere Freunde zur Meditation versammeln. Die ideale Form ist, zusammenzukommen, ruhig zu sitzen und dann ohne Diskussion über ihre Erfahrung wieder auseinanderzugehen. Gruppenmeditation ist aus zumindest zwei Gründen sinnvoll: Schon der bloße Wille, miteinander zu meditieren, führt zu besseren Ergebnissen für den einzelnen, und Anfänger oder die, die persönliche Probleme haben, werden von den anderen, die positive Erfahrungen machen, mitgetragen. Ich kenne Firmen, in denen Freunde, die für die Idee offen sind, regelmäßig am Arbeitsplatz vor Beginn der täglichen Arbeit oder während einer Arbeitspause meditieren. Andere Gruppen treffen sich einmal in der Woche zur Meditation. Natürlich ist es auch bei den Mitarbeitern der Kirchen und Zentren üblich, den Tag mit Meditation zu beginnen oder die Mittagszeit dafür zu benutzen.

Wie übt man bewußte und dynamische Meditation?

Anfänger sollten zunächst zur Entspannung meditieren und das vollkommen beherrschen. Diese Meditation ist die Grundlage des Erfolgs für alle späteren Übungen, und so wird es gemacht:

1. Suche Dir einen ruhigen Platz zur Meditation. Beginne mit Optimismus. Erkenne, daß das innere Ich schon weiß, wie man meditieren muß, und alles, was zu tun bleibt ist, Dir eine Gelegenheit zu geben, eine positive Resonanz zu erhalten.

2. Sitze aufrecht in einer bequemen Haltung, einer Haltung, die Du im Verlauf der Meditation nicht zu ändern oder zu korrigieren brauchst. Unruhige Bewegungen könnten Deine Konzentration und tiefe Entspannung stören.

3. Richte Deine Aufmerksamkeit auf den natürlichen Ablauf des Atems. Reguliere ihn nicht, beobachte ihn nur. Wenn Du willst, lenke Deine Aufmerksamkeit auf den Punkt zwischen den Augenbrauen. Den Grund dafür werde ich später erklären. Sitze einfach ganz ruhig und beobachte, wie Du ein- und ausatmest. Werde Dir der inneren Ruhe während der Entspannung der Muskeln bewußt, ebenso der Verlangsamung des Atems und der Herztätigkeit sowie der Verfeinerung der mentalen Vorgänge. Sitze einfach da und beobachte diesen Prozeß. Je mehr Du Dich entspannst, umso mehr wirst Du die Ruhe und die Gelassenheit, die sich einstellen, genießen, und Du wirst bemerken, daß der unbewußte Widerstand gegen das Meditieren nachläßt.

4. Wenn Du den Höhepunkt der Sitzung erreicht hast, Dich ruhig und innerlich klar und gefestigt fühlst, bleibe für einige Zeit in diesem Zustand, damit diese Klarheit und Ruhe Dein Gemüt, Dein Nervensystem, den Gefühlsbereich und den physischen Körper ganz durchdringen. Fühle Dich innerlich geläutert und gereinigt.

5. Erhebe Dich erfrischt nach Beendigung der Sitzung und gehe Deiner üblichen Tätigkeit nach. Untersuche den Vorgang nicht allzu genau. Übe nur regelmäßig zweimal am Tag für eine Dauer von mindestens sechs Wochen. Gestehe Dir Zeit zu, um günstige Veränderungen festzustellen.

Eine andere sehr nützliche Übung ist diese: Denke daran, sobald Du die Meditation beendet hast, daß Du ein einzigartiges Geschöpf des größeren Ozeans des Lebens und in der Lage bist, Dein Instrument Gemüt schöpferisch zu benutzen, mit Dir selbst in Beziehung zum Leben richtig umzugehen, und Dir sinnvolle Ziele zu setzen und zu erreichen. Du wirst Dich als selbstverwirklichtes Wesen zum Ausdruck bringen können, wenn Du regelmäßig und richtig meditierst.

Die beste Zeit, schöpferische Vorstellung anzuwenden, ist nach Beendigung der Meditation. Zu dieser Zeit hast Du mehr Ruhe, bist mental klarer und darum eher in der Lage, Vorstellungsbilder zu beleben und in Harmonie mit den schöpferischen Kräften der Natur zu wirken.

Wer Heilung für den Körper braucht oder Bereinigung von Schwierigkeiten, wende die schöpferische Vorstellung zu diesem Zweck an. Wer die schöpferische Vorstellung für andere anwenden oder für andere beten will, tue das kurz vor Beendigung der Meditation. Wer seiner schöpferischen Arbeit zu diesem Zeitpunkt nachkommt, ist in der Kraft verankert, die das Universum erhält, und wird mit seiner Arbeit viel größere Wirkung erzielen als zu jeder anderen Zeit. Mit anderen Worten: Wenn Du Dich aus der Meditation erhebst, öffne Dein Gemüt und Wesen dem unbegrenzten Guten des Universums und fühle Dich getragen durch den Strom evolutionärer Kräfte. Du wirst erstaunt sein, um wieviel klarer Du wahrnimmst, wieviele Türen sich Dir öffnen, während Du von diesem erweiterten Bewußtseinszustand aus mit dem Leben in Beziehung trittst.

Ein weiteres Hilfsmittel zur Konzentration und Meditation

Befasse Dich nicht allzu sehr mit Techniken und Methoden. Sie können nützlich sein, doch der Zweck aller Methoden und Techniken ist, als Werkzeug für das eigentliche Ziel zu dienen. Wenn Du das Ziel erreicht hast, lege die Werkzeuge beiseite. Manchmal hat man Schwierigkeiten zu lernen, sich zu konzentrieren. Unter Konzentration verstehen wir: das Fließen der Aufmerksamkeit auf den Sammelpunkt der Meditation. Glaube nicht, daß Konzentration übermäßige Anstrengung verlangt. Konzentration sollte sich von selbst einstellen, wenn wir die Aufmerksamkeit von den äußeren Dingen und den inneren Vorgängen in Körper und Gemüt zurückziehen und auf den gewählten Sammelpunkt richten. Konzentration wird durch geduldiges Üben erreicht. Gib die inneren Kämpfe auf und überlaß Dich dem Ablauf der Meditation. Als Konzentrationsmethode kann jeder das altbekannte Verfahren des Beobachtens des Atemvorganges anwenden, während man zugleich innerlich auf den Klang eines Wortes hört, das keine Bedeutung hat. Ein Wort mit Bedeutung ist ebenfalls geeignet, so lange es nicht dazu führt, uns vom

Üben abzubringen. Wenn Du willst, kannst Du das Wort „eins" benutzen. Aber Du kannst auch irgendein anderes Wort nehmen, das Dir zusagt, und innerlich auf den Klang hören (ohne es gedanklich zu wiederholen) während Du ausatmest. Dieses zusätzliche Verfahren trägt dazu bei, die Meditation zu verbessern. Verwende kein Wort, durch das Du eingelullt wirst und in einen passiven Zustand gerätst. Wenn Du dazu neigst, Dich selbst zu programmieren und das Wort „Frieden" benutzt, könntest Du leicht durch Selbsthypnose in einen friedlichen Zustand geraten, aber das ist nicht der Zweck der Meditation. Meditation dient dazu, bewußtes Gewahrsein zu erfahren. Wenn jemand sein mentales Feld durch unrichtige Verwendung von Bejahungen in bestimmter Weise strukturieren will, kann man ihn nicht daran hindern, aber da das Ziel unbeschränktes Gewahrsein ist, muß er diese Programmierungen früher oder später wieder aufheben. Warum noch weitere Bestimmungen in das von unerwünschten Strukturen bereits überladene Gemüt hineinbringen? Wenn wir das Gemüt von Programmierungen befreien, führt dies zur Freiheit, Bewußtseinsbefreiung und zum Funktionieren aus der Seinsebene.

Überwindung von Meditationshindernissen

Hindernisse zum Meditationserfolg sind: Unruhe, mentale Verwirrung, Tagträumerei, die Neigung einzuschlafen oder unbewußt zu werden und die Neigung, sich zu sehr um den Erfolg zu bemühen. Hindernisse werden von selbst verschwinden, wenn wir in der empfohlenen Weise üben. Sitze still, auch wenn der Körper unruhig ist, und weigere Dich, Dich zu bewegen. Sei Herr über Deinen Körper, indem Du die Entscheidung triffst, Herr der Lage zu sein. Um Verwirrung und die Neigung zu Tagträumerei zu überwinden, sitze aufrecht und beobachte den technischen Ablauf. Der mentale Bereich wird mit der Zeit klar werden und die Konzentration die Oberhand gewinnen, so daß Tagträume aufhören, ein Problem zu sein. Um die Neigung zu Schlaf oder unbewußt zu werden zu überwinden, lenke die Aufmerksamkeit nach oben, auf den Punkt zwischen den Augenbrauen. Überanstrenge Dich nicht dabei. Gehe behutsam vor. Das

Aufwärtsfließen der Aufmerksamkeit bringt auch die Körperenergien aus den unteren Bereichen nach oben und lenkt die Aufmerksamkeit weg von den unter- und unbewußten Ebenen des mentalen Feldes.

Meditiere und wende Dich dann wieder dem Leben zu. Vermeide jede Neigung, herumzusitzen und über Meditation und Meditationserfahrungen zu sprechen. Deine Erfahrungen sind persönlicher Art und die Umwandlung wird manchmal schnell, manchmal allmählich erfolgen. Innere Veränderungen spiegeln sich in verbesserter Funktion und Lebensbedingungen wider. Denke nicht, daß irgendeine Gruppe oder eine bestimmte Person ein besonderes Geheimnis in bezug auf Meditation besitzt. Allerdings bieten einige Lehrtraditionen, die sich auf Erfahrung und Forschung stützen, eine breitere Grundlage und umfangreichere Information an. Achte immer auf psychische Gesundheit und produktive Lebensweise, wenn Du Dich Einzelnen oder Gruppen anschließt, die Meditationsverfahren unterrichten. Wie in anderen Lebensbereichen, so schließe Dich auch hier an Fachleute und intelligente und funktionstüchtige Menschen an. Einige Meditationslehren werden im Rahmen einer religiösen Tradition angeboten. Wenn Du mit der Lehre übereinstimmen kannst, ist das die richtige Gemeinschaft für Dich. Begib Dich nicht in Abhängigkeit von irgendjemandem oder zu irgendeiner Gruppe, die Erfolg nur verspricht, wenn man ihrem System Gehorsam entgegenbringt, das System aber unrealistisches und kultisches Beiwerk enthält.

Angst vor dem Unbekannten ist manchmal ein Problem für den Anfänger. Es gibt nichts, was zu fürchten wäre, wenn wir uns einer Übung bedienen, die zu höherem Verständnis und zu besserer Gesundheit führt. Richtige Meditation ist nichts anderes, als die Aufmerksamkeit zur Quelle des Lebens in uns zurückfließen zu lassen, und das nehmen wir bewußt wahr. Wir schlafen jeden Tag, und wir ängstigen uns nicht einzuschlafen, denn wir wissen, daß wir erwachen, sobald wir ausgeschlafen haben. Während der Meditation wenden wir uns nach innen, um bewußt das reine Gewahrsein zu erfahren, und nachdem wir für eine angemessene Zeit in diesem Zustand geblieben sind, kehren wir ohne Schwierigkeit ganz von selbst zum äußeren Gewahrsein zurück.

Der unmittelbare Zugang zur Meditation ist für viele, so lange zu beten, bis das Gemüt geklärt ist und Gefühle zur Ruhe gekommen sind. Mit dem Schweigen nach dem Gebet beginnt die Meditation und durchläuft ganz von selbst ihren Kreis. Einige Meditierende beginnen mit einer Bejahung. In der richtigen Weise, die dem wahren Sinn der Meditation besonders dienlich ist, ist das sinnvoll. Ein Satz kann ausgesprochen werden, der das Erreichen des Ziels der Meditation aussagt, mit Intensität und immer tieferer Konzentration wiederholt, bis die Bejahung in Vergessenheit gerät und nur noch das bewußte Gewahrsein des Bejahten übrigbleibt und verwirklicht wird. Jede Technik, die uns zur Entspannung bringt und bewußt nach innen führt, ist nützlich, vorausgesetzt, daß sie zum Erreichen des eigentlichen Ziels führt.

Wie steht es mit Visionen und ungewöhnlichen Wahrnehmungen?

Manchmal berichten Meditierende von Visionen und unerwarteten Erfahrungen, auf die sie nicht vorbereitet waren. Wenn wir entspannt sind und die Energien sich nach innen auf die Gehirnzentren richten, können wir ein inneres Licht wahrnehmen. Häufig sieht man zufällig auftauchende mentale Bilder, die sich kaum von den Traumbildern im Halbschlaf unterscheiden. Manchmal kann man auch große Lichtmassen von verschiedener Farbe sehen oder ein weißes Licht, das hell in der Mitte des Kopfes erstrahlt, oder ein blaues Licht auf dem Punkt zwischen den Augenbrauen. Manchmal erscheint dort auch ein blaues Licht, das von einem goldenen Licht umgeben ist. Diese Lichterscheinungen ergeben sich auf natürliche Weise durch die gebündelten Energien, die den Rückenmarkkanal entlang aufsteigen und im Gehirn münden. Wenn sich unsere Aufmerksamkeit durch diese Lichtwahrnehmungen leichter sammelt und wir wachsam bleiben während wir die Meditation fortsetzen, können diese Lichterscheinungen hilfreich sein. Für einige ist es bis zu einem gewissen Grad der Identifikation mit dem Licht möglich, einen sinnvollen Höhepunkt in der Meditation zu erleben. Solltest Du zu denen gehören, die diese Lichterscheinungen nicht haben, denke nicht, daß

Du keine Fortschritte in der Meditation machst. Deine eigene innere Intelligenz wird Dich führen, wenn Du Dich ihr überläßt und die inneren Vorgänge wachsam beobachtest.

Manchmal hört man infolge der nach oben geleiteten Ströme des Organismus auch innere Töne feinstofflicher Art. Manchmal erklingen mehrere Töne, manchmal auch nur ein gleichbleibender Ton. Töne, die schon am Anfang der Meditation auftauchen, gehen meist auf die verschiedenen elektrischen Umsetzungen zurück, die sich im Nervensystem abspielen. Feinstofflichere Töne mögen von den weniger bekannten feinstofflicheren Energien herrühren, die das Nervensystem durchströmen. Welche Töne Du auch hören magst, wenn Du sie als inneres Mantra, als Sammelpunkt der Konzentration, benutzen kannst, tue es. Mantras sind Töne, die das mentale Feld klären, das Nervensystem verfeinern und die Konzentration während der Meditation erhöhen. Du hast Dein eigenes Mantra allezeit in Dir. Wenn Du ein Mantra von einem qualifizierten Meditationslehrer erhalten hast, benutze es und suche weitere Belehrung von diesem Lehrer oder einem anderen aus derselben Tradition. Wenn Du jedoch mit dem Ton, den Du innerlich hörst, meditieren willst, ist das ebenso gut. Überlasse Dich dem Ton. Tauche ein in den Ton. Finde heraus, woher der Ton kommt. Auf diese Weise wird Deine Aufmerksamkeit die Schichten des mentalen Feldes durchstoßen und zur Quelle aller Töne gelangen, der Quelle aller Dinge, dem Feld reinen Bewußtseins im Zentrum Deines Wesens.

Sei offen für die natürliche Entfaltung in allen Bereichen Deines Lebens, während Du in Deinen Meditationsübungen fortschreitest. Vermeide Fanatismus und andere Formen von Zu- und Abneigung, durch die Du aus dem emotionalen Gleichgewicht kommst. Stimmt es, daß einige Leute ungewöhnliche Fähigkeiten durch Meditation und ähnliche Methoden gewinnen? Ja, das stimmt. Suche jedoch nicht diese Fähigkeiten um ihrer selbst willen. Achte zuerst auf psychische Gesundheit und gesunde Beziehungen auf allen Ebenen, dann wird sich das, was für Dich gut ist, in harmonischer Weise entfalten. In Wahrheit gibt es keine übernatürlichen Kräfte, denn alles ist natürlich, wenn die Seele erst einmal völliges Gewahrsein erreicht hat. Was für einen Erwachten leicht ist, erscheint dem Unerwachten als Wunder. Es gibt feinstoffliche Gesetze, die wir anwenden können, nachdem wir sie erlernt haben und uns verantwortlich fühlen.

Jederzeit, wenn Du Dir ein Ziel setzt und Dir seine Verwirklichung vorstellst, benutzt Du seelische Fähigkeiten. Immer, wenn Du das Gute in einem anderen anerkennst und es verwirklicht siehst, wendest Du seelische Fähigkeiten an. Jedesmal, wenn Du klar unterscheidest, ohne Täuschung wahrnimmst und Dich dem Strom des Universums überläßt, benutzt Du seelische Fähigkeiten.

Als Anfänger in der Meditation beginne von diesem Augenblick an regelmäßig zu üben. Wenn Du schon einige Zeit meditierst, überprüfe Deine Meditation um festzustellen, ob Du in der richtigen Weise übst, und ob Du Fortschritte machst. Gelegentlich wird gefragt: „Wenn ich auf allen Gebieten leistungsfähig bin, klar denken kann und bewußt lebe, muß ich dann noch meditieren?" Auch die, die schon weit fortgeschritten sind auf dem Pfad der Erleuchtung meditieren weiterhin, um ihre innere Reinheit aufrechtzuerhalten und feinstoffliche Aspekte des Bewußtseins zu erforschen. Sie meditieren auch, um offen zu bleiben für die Einflüsse des größeren Bewußtseinsfeldes und um als Kanäle zu dienen, durch die diese Einflüsse auf das Bewußtsein unseres Planeten einwirken können. Es gibt viele Männer und Frauen, die für das normale Auge unbedeutend aussehen, die in bewußtem Gewahrsein der Wahrheit des Lebens verankert sind. Ihre Anwesenheit auf unserem Planeten verströmt immerwährend Licht und ist für uns alle eine Quelle der Erquickung.

MERKE:

1. Überprüfe abermals den Vorgang der Meditation, um ihn klar zu verstehen.
2. Entschließe Dich, regelmäßig zu meditieren.
3. Sei zu jeder Tageszeit in Deinem Innern verankert und ruhig.
4. Mühe Dich nicht mit dem Meditationsvorgang ab, überlasse Dich ihm.
5. Vertreibe alle Hindernisse, die dem Erfolg der Meditation entgegenstehen.
6. Sei ein offener Kanal, durch den die überbewußten Einflüsse auf die Welt einwirken können.

Plan zur Zielverwirklichung
MEDITATION

Ziel oder letztendlicher Zweck:

Bejahe: *,,Ich vollende meine Zwecke und erreiche meine Ziele durch intelligentes Engagement und mit Gottes Hilfe.''*

Schritte zur Verwirklichung:

Eventuelle Hindernisse oder Begrenzungen:

Lösungen und Handlungsabläufe:

Bejahe: *,,Ich erkenne Lösungen, gehe diese Schritte zur Verwirklichung und erreiche meine gesteckten Ziele.''*

Was erwarte ich als Ergebnis dieses Planes zur Verwirklichung:

Verwirklicht:_____ Datum:_____

Verwirklicht:_____ Datum:_____

Verwirklicht:_____ Datum:_____

Notiere Ausführungen und Vollendungen kurzfristiger und langfristiger Ziele. Benutze leere Seiten dieses Buches oder ein zusätzliches Notizbuch, um Ziele zu planen und Ergebnisse zu notieren.

Richtlinien zur Verwirklichung

Entschließe Dich, für wenigstens drei Monate regelmäßig zu meditieren. Meditiere, ohne Dich um die Ergebnisse zu sorgen. Übe nur einfach regelmäßig. Erfahre den Kreislauf der Meditation: das Umlenken der Aufmerksamkeit nach Innen, die Erfahrung des Höhepunktes, das Verbleiben auf dem Höhepunkt und Zurückkehren aus der Meditation mit dem Gewahrsein der Erfüllung und Befriedigung. Reserviere Dir Zeit nach der Meditation, um Probleme zu lösen, Ziele zu setzen, Kontemplation über ein bestimmtes Thema zu üben oder um für andere zu beten. Beschäftige Dich nach der Meditation mit sinnvollen Beziehungen und schöpferischen Projekten. Erfülle Deine Pflichten mit voller Aufmerksamkeit. In dieser Weise wirst Du Deine Konzentration verbessern und das Leben weit mehr zu schätzen wissen als bisher. Verbesserte Konzentration und Wertschätzung des Lebens führt auch zu einer befriedigenderen Meditationserfahrung.

Zur Betrachtung und Verwirklichung:

,,Ich will Tag für Tag in das Schweigen der Meditation eintreten, um klares Gewahrsein und die bewußte Erkenntnis meiner unveränderlichen Natur zu erfahren. Während der Meditation will ich mich dem Vorgang hingeben und meine Aufmerksamkeit durch die Schichten des Gemüts zum Zentrum meines Seins fließen lassen. Nach der Meditation will ich in meiner Mitte verankert bleiben und mit allen Lebensbereichen vom spirituellen Blickpunkt aus in Beziehung treten.''

Notizen für Pläne und Projekte

,,Dies eine aber tue ich: Ich vergesse, was zurückliegt und ich strecke mich aus nach dem, was vor mir liegt, um das Ziel zu erreichen.''

Philipper 3, Vers 13 und 14

,,Oft habe ich gedacht, daß man den Charakter eines Menschen am besten definieren kann, wenn man die bestimmte mentale oder moralische Einstellung bei ihm herausfinden würde, bei deren Auftauchen er sich am lebendigsten und tatkräftigsten gefühlt hat. In solchen Augenblicken spricht eine innere Stimme in uns, die sagt: Dies ist das wahre Ich.''

William James

,,Rechter Glaube, rechte Ziele, rechte Rede, rechtes Handeln, rechte Beschäftigung, rechtes Streben, rechte Achtsamkeit, rechte Meditation.''

Der achtfache Pfad Buddhas

VI

Die Schlüssel zur emotionalen Ausgeglichenheit

Der Sitz der Gefühle ist das Wesen, die Person, die Gemüt und Körper benutzt. Wenn es das Wesen nicht gäbe, würde das Gemüt nicht belebt und der Körper wäre ohne Energie. Daher sind wir selbst die Wurzel der Gefühle, die sich durch Gemüt und Körper manifestieren. Es liegt in unserer Wahl, Konflikte heraufzubeschwören oder Heiterkeit und inneren Frieden zu erfahren. Es ist wichtig zu erkennen, daß wir diese Wahl haben, und wir selbst für unser Gefühlsleben verantwortlich sind.

Jeder Mensch fühlt sich zu den Dingen hingezogen, die für ihn nützlich sind und abgestoßen von denen, die ihm nicht helfen. Warum halten wir an einschränkenden Gefühlsproblemen fest? Warum klären wir nicht den mentalen und emotionalen Bereich, so daß wir ohne Einschränkung funktionieren können? Tief in unserem Inneren liegt die Antwort auf diese Frage. Ein unvernünftiger und verwirrter Mensch mag an diesem destruktiven Verhalten festhalten, aber nur, weil er kein Ziel im Leben hat. Aus dem einen oder anderen Grund willigt ein solcher Mensch ein, unfähig und nutzlos zu sein. Die meisten, die dieses Buch lesen, werden nicht völlig unvernünftig, sondern bereit sein, alles in ihrer Macht Stehende zu tun, um ernste Probleme zu beseitigen, damit sie funktionstüchtiger sein können.

Innere Konflikte und ihre Folgen

Selbst kleinere mentale und emotionale Konflikte bedrohen die natürlichen Abläufe auf vielen Ebenen. Beschäftigte in Heilberufen erkennen heutzutage, daß viele körperliche Leiden ihre Ursachen in mentalen und emotionalen Konflikten haben. Körperliche Krankheit ist die Folge, nicht die Ursache der mentalen und emotionalen Probleme. Sobald diese Probleme geklärt sind, können die heilenden Kräfte unbehindert durch den Körper fließen und Gesundheit wird wieder hergestellt. Der Körper geht auf unsere wahren oder eingebildeten Bedürfnisse ein. Wenn wir Lust am Leben haben, sind wir auf allen Ebenen voll funktionstüchtig. Empfinden wir das Leben als eine Last, rufen wir unbewußt psychologische Probleme und körperliche Beschwerden hervor, so daß wir funktionsunfähig sind und eine Herausforderung des Lebens nicht anzunehmen brauchen? Oder wir sind in den Augen der anderen nichts Besonderes, und möchten die Aufmerksamkeit auf uns lenken? Was gibt es besseres, als sich ein dauerhaftes Problem zu schaffen? Persönliche Probleme sind ein wundervolles Mittel, Aufmerksamkeit zu erregen. Ich kenne Leute, die so wenig Lebenswillen haben, daß sie sich an emotionalen und körperlichen Problemen festklammern, um regelmäßig Unterstützung zu erhalten. Würden sie gesund und leistungsfähig werden, müßten sie etwas leisten, wie jeder andere auch.

Ein emotional unreifer Mensch neigt dazu, seine Probleme in seiner eigenen Einschätzung zu vergrößern. Man kann einen Fehler machen und später einsehen, daß es ein Fehler war und beschließen, ihn nicht zu wiederholen. Für einen reifen Menschen würde das genügen. Ein unreifer Mensch würde eine Last von Schuld mit sich herumtragen, bis er genügend Schmerzen erlitten hat, die ihm das Gefühl vermitteln, daß es nun in Ordnung ist, sich selbst zu vergeben. Wenn er wirkliches Leid für nötig hält, wird er krank werden, einen Unfall haben oder eine schöne Beziehung untergraben, weil er sich unwürdig fühlt, ein gutes Leben zu führen, während er mit Schuldgefühlen umhergeht. Wer keine Ziele hat, mag geradezu darin schwelgen, sich selbst zu betrachten und Fehler bei sich selbst zu finden, damit er nicht schöpferisch tätig zu werden braucht. Lieschen Müller mag heimlich den Wunsch haben, sich mit dem Ehemann ihrer Freundin zu treffen, und hält es geradezu für abscheulich, einen solchen Gedanken zu haben. Allein der Gedanke ruft Schuldgefühle bei ihr hervor. Sie hat auch Schuldgefühle wegen ihrer Schuldgefühle, denn eigentlich war es nur ein Gedanke und niemand ist zu Schaden gekommen. Hans Müller wünscht sich in einer Aufwallung von

Zorn, daß sein Arbeitgeber stirbt. Wenn der Zorn verflogen ist, fühlt er sich schuldig, solch einen Gedanken gehabt zu haben. Daraufhin verhält er sich besonders nett gegenüber seinem Arbeitgeber, ohne ihm den Grund dafür zu nennen. Wenn der Arbeitgeber einen Unfall hat, kurz nachdem Hans Müller ihm den Tod gewünscht hat, wird Hans sich zusätzlich schuldig fühlen. Entweder, weil er denkt, der Schaden sei durch seine Gedanken hervorgerufen worden, oder weil es sicherlich nicht nett war, so etwas überhaupt zu denken. Wir wissen aus Erfahrung, wie kompliziert Gefühle sein können, auch wenn wir wissen, wie sie zustandekommen. Der Zweck dieses Kapitels ist nicht, sich mit Problemen normaler oder nicht normaler Psychologie zu befassen, sondern einfach dem zu helfen, der den Wunsch hat, Frieden des Gemüts und emotionale Gelassenheit zu erreichen.

Wir alle haben Freunde, die zugeben, faul zu sein. Wir alle haben auch Freunde, die zugeben, daß sie ständig arbeiten müssen, als stünden sie unter einem verborgenen Zwang, sich zu beweisen. Wichtig ist, daß wir uns selbst und unsere Beziehungen verstehen. Wichtig ist, daß wir unsere wesentliche Natur, die Natur und Gesetzmäßigkeit unseres Gemüts sowie die Richtlinien zu sinnvollen Beziehungen klar verstehen. Ein gesunder, selbstverwirklichter Mensch hat keine unüberwindlichen Probleme. Wer frei ist von Streß, hat keine ernsten Konflikte. Die meisten Probleme entstehen dadurch, daß wir unsere Mitte verlieren und vergessen, wer und was wir sind.

Ruhige Untersuchung eines emotionalen Problems kann uns zur Befreiung befähigen. Andererseits kann zu langes Nachgrübeln, ohne Erlangung von Einsicht, die Verwirrung noch vergrößern. Meist sind Änderungen erforderlich in: Einstellung, Denkgewohnheiten, Gefühlsart, Gewohnheiten und der Art und Weise, wie wir mit anderen Menschen umgehen. Wenn wir uns nicht aus einem Problem *herausdenken* können, dann können wir *herausgehen*, indem wir bewußt unsere Stimmungen ändern und unser Verhalten lenken. Es kann viel darüber gesagt werden, eine Tugend anzunehmen, obwohl sie noch nicht unserer Natur entspricht. Es kann viel darüber gesagt werden, sich richtig und angemessen zu verhalten, auch wenn wir uns nicht dazu aufgelegt fühlen. Durch Üben kann fast jeder seine Ausdrucksweise, seine Körperbewegungen und seine Beziehungen lenken. Wir können aufhören zu sprechen, wenn wir dabei sind, etwas zu sagen, was nicht angebracht ist. Wir können in beherrschter Weise gehen und stehen, Beziehungen nach unserem Willen eingehen und auflösen, wie wir es für ideal halten. Man kann dazu neigen, eigennützig, kleinlich, rechthaberisch und nachtragend zu sein, doch muß man diese Neigungen nicht hervorheben. Unerwünschte Neigungen können in bessere Impulse und unproduktives Verhalten kann in nützliches Verhalten umgewandelt werden. Wir können uns verändern, wenn wir bereit sind, die Verantwortung für die Veränderung zu übernehmen. Wenn wir das Opfer unserer schlechten Gewohnheiten bleiben wollen, können wir das Opfer bleiben. Wenn wir frei sein wollen von solchen Gewohnheiten, können wir frei sein. Wir haben die Fähigkeit darüber zu entscheiden, weil die Macht des Lebens in uns wohnt.

Ein einfacher Weg zu emotionalem Wohlbefinden

Zu zwei Gelegenheiten wurde ich nach Japan eingeladen, um zu den Mitgliedern einer großen Organisation zu sprechen, der Seicho-No-Ie. Die Lehren dieser Bewegung, die vor vielen Jahren von Dr. Masaharu Taniguchi begründet wurde, sind ähnlich denen der Neugeist-Gruppen. Lehrbeauftragte dieser japanischen Bewegung beraten oft Menschen in körperlichen, psychischen und spirituellen Fragen. Da sie wissen, daß viele körperliche Probleme ihre Wurzel in mentalen und emotionalen Konflikten haben, setzen sie dort direkt an, und häufig öffnet das die Tür zur Heilung. Wer Hilfe sucht, wird an die Wahrheit seines Wesens erinnert, das eine besondere Einheit des größeren Bewußtseinsfeldes ist und daher keinerlei Probleme hat. Einsicht dämmert, und die Harmonie kehrt auf alle Ebenen zurück. Manchmal genügt die teilweise Einsicht nicht, um der Herausforderung ausreichend zu begegnen. Dann wird der Hilfesuchende aufgefordert, mit sich selbst glücklich zu sein und zu erkennen, daß er mit allen Wesen des Universums in freundlicher Beziehung steht, ebenso wie mit den Kräften der Natur. Das Ideal ist zu denken: „Ich bin jetzt in freundlicher Beziehung mit einem mir wohlgesonnenen und wohltätigen Universum. Ich bin sehr dankbar. Ich bin sehr glücklich." Diese Änderung der Einstellung und Verwirklichung führt oft zur Heilung, selbst in schwierigen Fällen.

Wenn wir erkennen, daß der „Feind" nicht außerhalb ist, können wir mit unserem Innern in eine harmonische Beziehung kommen, wie auch mit unserer Umwelt. Vielleicht hat Dich jemand absichtlich oder unbewußt verletzt, und Du nimmst ihm das übel. Was ist zu tun? Vielleicht kann die Angelegenheit in einem offenen und freundschaftlichen Gespräch geklärt werden. Was aber, wenn das Gefühl des Unmuts weiterhin in Dir besteht? Wie wäre es, für das Wohl des Betreffenden zu beten? Wie wäre es, um Selbstvergeben zu beten?

Wenn wir erst einmal erkannt haben, daß nichts von außen Macht über uns hat, sind wir im Verstehen verankert. Jemand mag behaupten, daß er von einem bestimmten Verhalten, einer Gewohnheit, einer Art zu denken und zu fühlen nicht los kommt. Aber das ist nur der Fall, *weil er es zuläßt*. Wenn wir sagen: „Ich bin darauf fixiert", dann nur, weil wir uns das einreden. Wenn wir sagen: „Ich habe diese Angewohnheit", dann haben wir, was wir uns einreden. Aber wenn wir uns das einreden, sind wir im Irrtum, denn Angewohnheiten und Neigungen haben keine eigene Macht über uns. Alkohol kann uns nichts anhaben, Drogen können sich selbst nicht an uns klammern, Speisen warten nicht darauf, uns zu überfallen. Ideen und Gefühle sind keine Wesen mit eigener Entscheidungskraft. Es gibt keinerlei Macht in äußeren Dingen, Personen und Situationen, die in unser Bewußtsein eindringt und uns zu Sklaven machen kann.

Ein außergewöhnliches Verlangen nach Nahrung ist fast stets ein Zeichen für ein psychisches Problem. Wie kommt es, daß man korpulent wird und in diesem ungesunden Zustand bleibt? Übermäßiger Alkoholgenuß ist ein Beweis für ein tieferes psychisches Bedürfnis, ein Wunsch, zu entfliehen, zu scheitern, unbewußt zu werden, um sich nicht einer Herausforderung stellen zu müssen oder um auf bequeme Weise mit dem eigenen Selbst ins Gespräch zu kommen. Im letzteren Fall denkt man vielleicht: „Ich habe keine sinnvolle Beziehung, die mich zufriedenstellt. Darum will ich mich in eine andere Stimmung bringen und durch den Alkohol andere Gefühle aufkommen lassen." Das Problem beim Alkoholismus ist nicht der Alkohol, sondern der Mensch. Heile den Menschen, und der Alkohol verliert seine Anziehungskraft. Das Problem bei Drogen sind nicht die Drogen, sondern der Mensch. Heile den Menschen, dann bleiben Drogen lediglich Substanzen ohne Anziehungskraft. Es gibt viele Entschuldigungen für destruktiven Gebrauch von Nahrung, Alkohol, Drogen, Autos, anderen Substanzen und Dingen, durch den man Schaden verursacht und den Lebensprozeß stört. In jedem Fall ist es für den Einzelnen wichtig, mit sich selbst ins Reine zu kommen. Oft werden als Entschuldigung die Einflüsse der Umgebung hervorgebracht. „Das tut jeder", sagen einige. „Meine Freunde tun es auch", sagen andere. Und dennoch fällt es immer wieder auf den Menschen selbst zurück und seine Bereitschaft, eine weise Entscheidung zu treffen.

Ein konstruktiver Schritt für die, die der Versuchung nicht widerstehen können ist, sich von der Gelegenheit der Versuchung fernzuhalten. Dies wird vielleicht nicht das innere Verlangen beseitigen, aber es verhütet doch zunächst einmal die Befriedigung. Jedesmal, wenn wir einem destruktiven Impuls widerstanden haben, werden wir stärker. Schließlich wird das Verlangen mit der Zeit gänzlich aufgelöst, besonders dann, wenn wir unsere Bemühungen zugleich auf heilsamere und sinnvollere Ziele richten. Auch wenn wir alles tun, um gesund und widerstandsfähig zu bleiben und unsere Nerven und inneren Organe im Gleichgewicht zu halten, werden wir uns wohler fühlen und noch mehr geneigt sein, in Richtung Gesundheit und Leistungsfähigkeit voranzuschreiten.

Manchmal fühlen wir uns so verletzt, daß wir uns kaum noch bewegen können. Es mag sein, daß wir in unserer Liebe zurückgewiesen werden, in einem geschäftlichen Unternehmen gescheitert sind, oder daß ein uns Nahestehender gestorben ist. Womit der eine leicht fertig wird, empfindet der andere großen Schmerz und gerät emotional aus der Fassung. Wir haben die Wahl, wie wir auf solche Erlebnisse reagieren. Wir können uns verletzt fühlen, verbittert und aufgebracht sein. Wir können uns verletzt fühlen, den Schmerz überwinden und als ein gesünderer und weiserer Mensch daraus hervorgehen. Wir können die Situation verstehen, warum sie eintrat, und was wir tun können, um damit fertig zu werden, ohne darunter zu leiden.

Es ist natürlich, daß wir ein Gefühl des Verlusts empfinden, wenn ein Nahestehender unerwartet weggeht oder stirbt. Der Tod erscheint uns als endgültiger Weggang. Doch man kann auch den Tod begreifen, denn es stirbt nur der Körper. Der Mensch, der durch den Körper gewirkt hatte, lebt weiter. Wenn wir übermäßig trauern, bemitleiden wir uns selbst, nicht den, der uns verlassen hat, denn dieser Mensch geht weiter zu neuen Erfahrungen und Erkenntnissen. Woher wir das wissen? Weil es uns die erleuchteten Lehrer erklärt haben. Auch unser inneres Verständnis sagt uns, daß wir in alle Ewigkeit weiterleben, wenngleich der Körper Zeit und Umständen unterworfen ist. Vielleicht empfinden wir beim Tod eines geliebten Menschen deshalb Schmerz, weil wir nicht alles für ihn getan haben, solange wir noch die Zeit dazu hatten. Es mag sein, daß Meinungsverschiedenheiten ungeklärt geblieben sind vor seinem Übergang, und wir uns deswegen nicht wohlfühlen. Wir können für das Wohl dieses Menschen beten und zwar solange, bis wir eine innere Zustimmung erhalten haben, daß alles in Ordnung ist. Für andere zu beten und unsere Gedanken und Gefühle in Beziehung zu ihnen zu klären, ist immer eine ausgezeichnete Therapie.

Vielleicht haben wir jemandem etwas Unfreundliches gesagt oder getan und können es nun nicht mehr wieder gutmachen oder seine Vergebung erhalten. Vielleicht hat uns jemand verletzt und die Erinnerung daran ist so lebendig und schmerzhaft wie in dem Augenblick, wo es geschah. Ein weiser Mensch ist in der Lage, durch alle Geschehnisse hindurchzusehen und eine reife innere Einstellung einzunehmen. Doch solange wir noch lernen, haben wir nicht immer diese Reife. Wir mögen es besser wissen, es aber geradezu unmöglich finden, besser zu handeln. Irgendwie muß der emotionale Schmerz in unserem Gefühlsbereich ausgemerzt werden. Folgende Übung kann dabei oft nützlich sein:

Wende die Technik der schöpferischen Vorstellung an und belebe das Ereignis oder die Kette der Ereignisse in voller Klarheit und Intensität und versuche, Einsicht und Verständnis über die Zusammenhänge zu erlangen. Sollte das nicht gelingen, dann belebe die Szenen erneut und gehe sie in Deiner Vorstellung noch einmal durch mit dem Gefühl, wie Du die Ereignisse gerne gehabt hättest. Mache keine

Gedankenspielereien und gib Dich nicht der Täuschung und Deiner
Phantasievorstellung hin. Sei Dir völlig bewußt, daß Du das nur tust,
um ein Idealbild zu entwerfen, um damit den Schmerz zu neutralisieren, der sich als Energiemasse in Deinem Gefühl angesammelt
hat. Nach einigem Üben wirst Du in der Lage sein, Dich an das Ge-
schehene ohne Schmerzgefühl zu erinnern, das auf Dir lastete. Dieser
Überarbeitungsvorgang kann in vielen Fällen nützlich sein, um unerwünschte Strukturen aus dem mentalen und emotionalen Leben zu
löschen.

Wenn Du diese Technik anwendest, so tue es auf schöpferische
Weise und beende sie mit einem erfolgreichen Handlungsablauf.
Werde nicht zum Opfer der Erinnerung an die Vergangenheit und
verfalle nicht in müßige Tagträumereien und Selbstmitleid. Gehe
durch die Übung und erhebe Dich erfrischt.

Eine andere Methode ist, Dein Problem aufzuschreiben. Dadurch
kannst Du es aus dem Bereich der Gefühle in das Hier und Jetzt der
Wirklichkeit übertragen. Schreibe auch die möglichen Lösungen auf.
Wenn Du Dich für eine Lösung entschieden hast, tue, was Du
kannst, um die Lösung zu erfahren. Viele Probleme bestehen nur
deshalb, weil wir sie nicht klar definieren und darum verwirrt und un-
entschlossen bleiben. Kläre Deine Gedanken, setze Dir vernünftige
Ziele und bewege Dich in die Richtung ihrer Verwirklichung.

Wir werden oft leichter mit irgendwelchen Problemen fertig, wenn
wir sie mit jemandem besprechen, der stärker ist als wir. Vielleicht ist
Dir im Augenblick gerade niemand bekannt, der dafür geeignet ist.
Doch es gibt immer noch das größere Leben, es gibt immer noch
Gott. Wende Dich in Zeiten harter Herausforderungen dem größeren
Leben zu und sage: „Wie es scheint, kann ich diese Sache allein nicht
lösen. Aber ich habe volles Vertrauen, daß ich mit Deiner Hilfe damit
fertig werde und als ein besserer Mensch daraus hervorgehe." Oftmals rennen wir in alle Richtungen, außer zu der einen Quelle, die
so nahe ist.

Probleme können uns stärker machen oder, wenn wir nicht damit
fertig werden, können sie uns schwächen und Leid hervorrufen. Wir
sollten niemals sagen: „Ich bin eben wie ich bin, weil mir das passiert
ist." Das ist eine unverantwortliche Feststellung. Jeder verantwort-
liche, vernünftige Mensch besitzt die Fähigkeit, mit seiner Welt in

Beziehung zu treten und aus Erfahrung zu lernen. Erkenne innerlich an: Das Potential ist in mir. Die Kraft des Universums ist in mir, weil ich eine besondere Einheit des größeren Lebens bin.

Die Überwindung allgemeiner Hindernisse

Es gibt einige Charaktermerkmale, die sich bei vielen Menschen finden, ungeachtet dessen, welchen Stand sie im Leben innehaben oder unter welchen Umständen sie geboren wurden. Sie sind so allgemein, daß sie der menschlichen Art angeboren scheinen. Es gibt nur wenige Menschen, die die folgenden Eigenschaften nicht besitzen: Voreingenommenheit, Scham, Neigung zu Zorn oder Ärger, Stolz, Neigung, andere zu richten, Selbstgefälligkeit und Selbstgerechtigkeit. Die meisten haben gewisse Abneigungen ohne ersichtlichen Grund, vielleicht haben sie diese von einem Vorbild übernommen. Wir tun oft das, was andere tun, mit denen wir in Beziehung standen. Besonders in den prägenden Jahren haben die Vorbilder, denen wir nacheifern, einen gewaltigen Einfluß. Doch sobald wir erwachsen geworden sind, sollten wir in der Lage sein, zwischen dem, was angemessen ist und einer begrenzten Reaktion zu unterscheiden. Wir brauchen den Menschen, der unser Vorbild war, nicht abzulehnen, wir sollten lediglich das sinnlose Verhalten aufgeben. Wir brauchen unsere Vorurteile und einschränkenden Reaktionen nicht zu rechtfertigen. Wir haben lediglich aufzugeben, was für ein gesundes Leben nicht förderlich ist.

Vielleicht halten wir es für sinnvoll, uns von der Welt zurückzuziehen, um größere Vollkommenheit zu erreichen. Manchmal kann eine Zurückgezogenheit durchaus nützlich sein, um sich innerlich zu klären und zu erneuern. Doch der Ort in der Welt, den wir uns erwählt haben, kann der beste Platz sein, um mit uns selbst und allem, was auf uns eindringt, ins Reine zu kommen. Es ist nicht sinnvoll, die Beziehung zur Umwelt und zu anderen Menschen abzubrechen, wenn es unser Ziel ist, in der Welt zu bestehen und Selbstverwirklichung zu erreichen. Ein Meister des Lebens ist, wer auf einer Ebene des Verstehens erwacht ist, die es ihm ermöglicht, seine Rolle im Leben voll und weise zu spielen.

Jeder kann sie befolgen: Acht besondere Schritte

Wenn wir einen Handlungsablauf auf ein Schema bringen, stellen wir meist fest, daß wir ebensogut mehr oder weniger Schritte hätten aufzählen können, als wir gerade genannt haben. Bei der folgenden Methode haben wir acht Schritte gewählt, die uns vernünftig erscheinen. Die Vorschläge sind in allen Programmen enthalten, die den Zweck haben, Menschen zu helfen, ihre Ziele zu erreichen und ihr Potential zu verwirklichen.

1. *Lebe in freundlicher Beziehung zu Deiner Umwelt* – Um in freundlicher Beziehung zu Deiner Umwelt zu leben, mußt Du zunächst mit Dir selbst freundlich umgehen. Wenn Du nicht Dein bester Freund bist, ist es unwahrscheinlich, daß Du eine gute Meinung von Dir selbst und eine positive Einstellung zum Leben hast. Lerne, mit Dir selbst und mit Deiner Umwelt in Freundschaft zu leben. Das Leben unterstützt uns, wenn wir ihm dazu die Gelegenheit geben. Das Leben fördert uns, wenn wir zulassen, daß es tut, was es tun will.

2. *Wie stehen die Dinge augenblicklich mit Dir?* – Ein häufiger Gruß unter Freunden ist: „Wie geht's?" Schaue um Dich und frage Dich selbst: „Wie geht's?" Sei ehrlich bei der Antwort. Wenn Du Dich großartig fühlst, erkenne es an. Wenn Du Dich nicht so gut fühlst, gib das zu. Mache eine Bestandsaufnahme Deiner Gedanken, Einstellungen, Gefühle, Deines Gesundheitszustandes, Deiner Beziehungen und Ziele.

3. *Ist Dein Tun sinnvoll?* – Läuft Dein Leben so, wie Du es wünschst? Auch wenn Du Dich nicht selbstverwirklichen möchtest, hast Du vielleicht einen anderen Lebensinhalt. Wenn das der Fall ist, dann sind Deine im höheren Sinne nutzlosen inneren Aktivitäten und Verhaltensweisen zumindest in Bezug auf Deine irregeleiteten Ziele hilfreich. Wenn Du in allen Bereichen des Lebens erfolgreich sein willst, ist das, was Du gerade tust, für dieses Ziel förderlich?

4. *Was wirst Du tun?* – Nun gehen wir ins Tun. Wir treffen Entscheidungen, machen Pläne, setzen uns Ziele, einigen uns auf einen sinnvollen Handlungsablauf. Wir verlassen den Zustand der mentalen und emotionalen Stagnation. Wir beginnen, die inneren Kräfte in Bewegung zu setzen und sind bereit, positive Schritte im Leben zu unternehmen.

5. *Hast Du Dich wirklich entschlossen?* – Das ist das Entscheidende! Dies ist der Augenblick der inneren Zustimmung. Jetzt entscheiden wir, die Brücken hinter uns abzureißen, Vergangenheit und Gegenwart ins Reine zu bringen, für alles verantwortlich zu sein und das Erforderliche zu tun, um noch in diesem Leben Selbstverwirklichung zu erreichen.

6. *Bringe keine Entschuldigungen für Mißerfolge.* – Wenn wir einmal die Natur des Lebens erkannt haben, wer wir sind, und was wir erfahren können, weigern wir uns in jedem Fall, Mißerfolge zu rechtfertigen.

7. *Reagiere nur auf Lohnendes* – Wenn Du Dich in bestimmter Weise um etwas ohne Erfolg bemüht hast, sei Dir darüber klar, daß Du kein Versager bist, es sei denn, Du gibst auf. Wühle nicht in Selbstbeschuldigungen. Suche nicht nach Fehlern. Schwelge nicht in Selbstmitleid und Schuldgefühlen. All das lohnt sich nicht. Gehe weiter auf dem Weg Deines Lebens und erfahre kleinere Erfolge, die die Neigung Deines Gemüts nach Befriedigung belohnen. Mit jedem Erfolg wächst Deine Stärke und Dein Selbstvertrauen. Mit jedem Erfolg wirst Du klüger und fähiger.

8. *Wende Dich nicht zurück* – Sieger gehen vorwärts. Jeder Gewinn ist ein Schritt in die richtige Richtung. Schaue dann und wann zurück, nur um Fehler zu berichtigen und um festzustellen, wo Du jetzt stehst im Vergleich zu früher und wohin Du gehst.

Dieses Verfahren kann angewandt werden, um Gewohnheiten zu überwinden, Verhaltensweisen zu ändern, und um sinnvolle Ziele zu setzen und zu erreichen. Gib dieses Programm einem Freund weiter, der Hilfe braucht. Tappe nicht in die Falle, sein Problem zu übernehmen, sondern zeige ihm den Weg aus dem Problem in die Lösung aufgrund Deiner erfolgreichen Anwendung dieser Grundsätze. Laß Dein Leben ein Beispiel werden. Sei in Wohlergehen und an Deinem richtigen Platz im Leben verankert, daß Du allen, die einen besseren Weg suchen, sagen kannst: „Willkommen in meiner Welt."

MERKE:

1. Öffne Dich allem, was Deinen Zielen nützt. Vermeide alles, was ihnen schadet.
2. Kläre alle Konflikte und Gefühlsprobleme.
3. Trete in wohlwollende Beziehung zu einem wohlwollenden Universum.
4. Erkenne, daß äußere Umstände keine Macht über Dich haben.
5. Befreie Dich von allen Hindernissen zur Selbstverwirklichung.
6. Wiederhole die acht besonderen Schritte zur Selbstverwirklichung.

Plan zur Zielverwirklichung
EMOTIONALES Wohlbefinden

Ziel oder letztendlicher Zweck:

Bejahe: *,,Ich vollende meine Zwecke und erreiche meine Ziele durch intelligentes Engagement und mit Gottes Hilfe.''*

Schritte zur Verwirklichung:

Eventuelle Hindernisse oder Begrenzungen:

Lösungen und Handlungsabläufe:

Bejahe: *,,Ich erkenne Lösungen, gehe diese Schritte zur Verwirklichung und erreiche meine gesteckten Ziele.''*

Was erwarte ich als Ergebnis dieses Planes zur Verwirklichung:

Verwirklicht:_____ Datum:_____

Verwirklicht:_____ Datum:_____

Verwirklicht:_____ Datum:_____

Notiere Ausführungen und Vollendungen kurzfristiger und langfristiger Ziele. Benutze leere Seiten dieses Buches oder ein zusätzliches Notizbuch, um Ziele zu planen und Ergebnisse zu notieren.

Richtlinien zur Verwirklichung

Sei entschlossen, ein reifer Mensch zu werden. Sei entschlossen, alle Gefühlskonflikte zu klären und mit der Welt in Freundschaft zu leben. Vergib anderen und überlasse sie ihrem höchsten Wohl. Vergib Dir selbst, wenn nötig, und überlasse Dich Deinem höchsten Wohl. Beschließe, zielgerichtet anstatt problemorientiert zu sein. Lebe allzeit in dem Bewußtsein, daß das größere Leben Deine beständige Realität ist. Deshalb kannst Du jederzeit friedvoll und gelassen sein, auch inmitten von Veränderung und Herausforderung. Tue, was Du kannst, um Dein Gefühlsleben zu klären und überlasse alles Gott. Gott weiß, wie Deine Probleme zu lösen sind und wie alle Dinge auf die beste Art in Ordnung gebracht werden können.

Zur Betrachtung und Verwirklichung:

,,Ich lebe mein Leben in Harmonie mit dem Fluß der Natur. Ich entbinde alle Konflikte und wünsche mir und allen anderen in jeder Hinsicht Wohlergehen. Ich sehe nur das Gute und Schöne. Wann immer ich versucht bin, mich aufzuregen, werde ich die scheinbare Herausforderung durchschauen und Zuflucht nehmen in meiner Beziehung zu Gott."

Notizen für Pläne und Projekte

,,Wenn irgendetwas heilig ist, dann ist der menschliche Körper heilig.''

Walt Whitman

,,Der Mensch, dessen Magenfeuer richtig eingestellt ist, es
mit gesunder Nahrung versorgt, täglich meditiert und Almo-
sen gibt und nach spiritueller Erlösung strebt, der nur für ihn
verträgliche Speisen und Getränke zu sich nimmt, wird nicht
Opfer von Krankheiten werden, es sei denn, aus besonderen
Gründen. Der disziplinierte Mensch lebt hundert Jahre, ist
gesegnet durch gute Menschen und frei von Krankheit.''

Ayurveda

VII

Regeneration und strahlendes Leben

Es gibt mehrere gute Gründe, auf die Gesundheit und Vitalität des physischen Körpers zu achten. Wenn wir gesund und vital sind, fühlen wir uns besser und unsere mentale Einstellung ist optimistischer. Wenn wir gesund und vital sind, können wir ohne einschränkende körperliche Probleme unsere Ziele verfolgen. Wenn wir gesund und vital sind, verfeinert sich der Körper und wird für die Einflüsse der überbewußten Energien empfänglicher. Wenn wir gesund und vital sind, können wir die überschüssigen schöpferischen Energien dazu benutzen, das Nervensystem und die Gehirnstrukturen noch weiter zu verfeinern.

Begnüge Dich nicht damit, Dich nur wohlzufühlen. Tue, was Du kannst, um Regeneration, völlige Gesundheit, Leistungsfähigkeit, Vitalität und strahlende Lebenskraft sicherzustellen. Viele tun nur etwas auf körperlicher Ebene und achten nur auf ihre Ernährung und befolgen körperliche Übungen, übersehen jedoch die Wichtigkeit spiritueller, mentaler und emotionaler Gesundheit. Sicher, die Befolgung von körperlichen Übungen, gesunde Ernährung und Ruhepausen bringen oft auf wunderbare Weise verbesserte Leistungsfähigkeit und bessere mentale und emotionale Zustände. Aber um wieviel besser ist es, sich den Dingen zuzuwenden, durch die Gesundheit auf allen Ebenen erreicht wird!

Der Mensch, der sich spirituell, mental und emotional wohlfühlt, wird von selbst in Harmonie mit dem Universum leben. Aber manchmal kommen wir in Versuchung, positives Denken und emotionales Wohlbefinden hervorzuheben und vergessen dabei völlig die Grundlage der körperlichen Gesundheit. Gesundheitsbewußtsein umschließt das ganze Wesen und die ganze Persönlichkeit. Gesundheitsbewußtsein erstreckt sich auf alles, was wir tun.

Festigung des Gesundheitsbewußtseins

Glaube nicht an die weitverbreitete Ansicht, daß teilweise Gesundheit der Normalzustand des Menschen ist. Millionen sind von Drogen und Medikamenten abhängig, um sich körperlich wohlzufühlen, doch die meisten von ihnen benötigen weder Drogen noch Medikamente. Auf die Dauer wirkt sich deren physischer und psychischer Einfluß verheerend aus. In Amerika zum Beispiel, wo alles Notwendige für unsere Gesundheit und Leistungsfähigkeit leicht erhältlich ist, ist ein nicht geringer Anteil der Bevölkerung unterernährt und klagt über eine Vielzahl von körperlichen Leiden. Ein Großteil der Beschwerden ist auf Stress zurückzuführen. Erschöpfung, allgemeine Müdigkeit ist weit verbreitet. Bluthochdruck, Asthma, Arthritis, Herzrhythmusstörungen, zu niedriger Blutzucker, nachlassende Sehkraft, Migräne: Die Liste hat fast kein Ende, wenn wir versuchen, einen Katalog der Beschwerden aufzustellen, über die geklagt wird und die diagnostiziert werden.

Wie kommt es, daß wir nicht gesund sind, wo wir doch wissen, wie wir in Übereinstimmung mit den Naturgesetzen leben können? Wie kommt es, daß wir nicht richtig essen, wo doch gesunde Nahrung erhältlich ist? Wie kommt es, daß wir schädliche mentale und emotionale Zustände aufrechterhalten, obwohl wir die Zusammenhänge mentaler Konflikte, emotionaler Belastungen und körperlichen Krankheiten kennen. Es muß wohl so sein, daß viele Leute nicht gesund und leistungsfähig sein wollen. Wenn sie es wollten, würden sie sich in Gesundheitsfragen sachkundig machen und alles in ihren Kräften Stehende tun, um sich von krankheitsverursachenden Einflüssen zu befreien.

Wenn wir gesund sein wollen, können wir gesund sein. Und was ist mit Krankheiten, die schon über lange Zeit anhalten? Was ist mit scheinbar erblichen Krankheiten? Kann man dagegen etwas tun? Wenn wir an Grundsätze glauben, die wir hier untersuchen, wenn wir an die Kraft glauben, die der Seele innewohnt, werden wir uns mit nichts außer völliger Gesundheit und Vitalität zufrieden geben. Die Intelligenz, die diesen Körper geschaffen und über Jahre hinweg innerlich ernährt hat, weiß mit Sicherheit jeden Zustand zu korrigieren, wiederherzustellen und den Organismus zu regenerieren.

Übe Dich darin, aus der Ebene des inneren Gewahrseins zu leben und ohne Einschränkung das Ideal völliger Gesundheit zu akzeptieren. Sei festgegründet im Bewußtsein der Gesundheit und laß dieses Gewahrsein in jede Ebene Deines Wesens und Körpers eindringen. Denke daran: Es ist die natürliche Neigung des Lebens, zur Vollendung zu kommen. Es ist nicht die natürliche Neigung des Lebens, eingeschränkt zu bleiben. Beseitige die Hindernisse und die Lebenskraft wird, geführt von der inneren Intelligenz, die nötigen inneren Veränderungen herbeiführen, wodurch Gesundheit und Leistungsfähigkeit erreicht werden. Solange Du den Wunsch nach Leben und Vorwärtsschreiten hast, nimm keine Einschränkungen hin.

Die natürliche Neigung des Lebens zur Regeneration

Wer sein Leben in derselben Weise führt, wie die Natur tätig ist, in Tätigkeit und in Zyklen der Ruhe, gibt der Natur Gelegenheit, den Körper zu regenerieren. Wer unter Streß steht, übermüdet ist, mit mentalen und emotionalen Problemen überlastet ist, Giftstoffe im Körper hat und falsch ernährt ist, lebt gegen die Neigung des Lebens, sich zu regenerieren.

1. Wir können den Streß vermindern, indem wir in richtiger Weise und regelmäßig meditieren, und indem wir lernen, sinnvolle Beziehungen zu unserer Umwelt herzustellen. Wir können Übermüdung vermeiden, indem wir planmäßig arbeiten und indem wir unsere schöpferischen Fähigkeiten weise einsetzen. Wenn nötig, können wir Urlaub machen und uns aus unserer normalen Umgebung entfernen, um uns die Gelegenheit zu geben, von Dingen frei zu werden, die zur Anhäufung mentalen und emotionalen Drucks geführt haben.

2. Wir können uns um eine Ernährungsweise bemühen, die unseren persönlichen Bedürfnissen entspricht. Es gibt keine einzige Ernährungsart, die ganz auf die Bedürfnisse aller Menschen zugeschnitten ist. Doch mit der Zeit finden wir die Ernährungsweise heraus, die uns am besten bekommt. Die Grundernährung des Menschen besteht in Getreide, Samen (Bohnen, Nüsse usw.), Gemüsearten und Früchten. Einige Leute vertragen Milch und Käse, andere lehnen

Milchprodukte ab. Grundsätzlich sollte man die Nahrung so weit wie möglich im natürlichen Zustand genießen, so lange sie frisch und in gutem Zustand ist. Nahrung, die chemisch behandelt oder auf andere Weise erheblich verändert wurde und nicht in ihrem natürlichen Zustand ist, sollte vermieden werden. Dies gilt ebenso für Zucker, Salz im Übermaß (zu empfehlen ist Meersalz), und für Weißmehl. Der menschliche Körper, hinsichtlich seiner Kauwerkzeuge und der Länge seiner Verdauungsorgane mit fleisch- und pflanzenfressenden Tieren verglichen, scheint für eine vegetarische Ernährung eingerichtet zu sein. Die Wahl der Ernährung ist eine persönliche Angelegenheit, denn der Einzelne kann am besten beurteilen, welche Ernährungsart zu ihm paßt. Es ist allerdings empfehlenswert, es mit einer fleischlosen Nahrungsweise zu versuchen, um festzustellen, ob dies nicht sinnvoller ist.

3. Wenn Dein Körper vergiftet ist, weil Abfallstoffe nicht völlig beseitigt wurden, führe eine Entschlackungskur durch. Am leichtesten ist eine zwei bis drei-Wochen-Kur mit zugleich nahrhafter wie regenerierender Nahrung. Das folgende Programm ist leicht zu befolgen: Fange an mit einem Klistier am Abend vor dem Wechsel der Nahrungsaufnahme. Achte darauf, daß während der ganzen Kur die Verdauung gut arbeitet und alle Abfallstoffe ausgeschieden werden. Zum Frühstück iß nur frisches Obst wie Äpfel, Birnen oder eine Früchtemischung. Nimm eine ausreichende Menge zu Dir. Zum Mittagessen bereite einen frischen Salat zu, soviel Du wünschst, mit kaltgeschlagenem Öl und Zitronensaft als Soße. Zum Abendessen iß einen anderen grünen Salat mit etwas ungeschältem Reis. Auf Wunsch kannst Du den Reis mit geraspelten Zwiebeln oder Sojasoße würzen, um den Geschmack zu verbessern. Wenn Du diese Kur zwei bis drei Wochen durchgeführt hast, wirst Du feststellen, daß Du Dich leichter fühlst und sich Deine Einstellung verändert hat. Auch eine Zunahme an Energie wirst Du bemerken. Dies ist keine besonders strenge Diät. Sie genügt aber, um die Abfallstoffe des Körpers zu beseitigen. Nach Beendigung der Kur solltest Du zu einer erweiterten Ernährungsweise zurückkehren, wie sie Deinen persönlichen Neigungen entspricht.

Natürlich sollte man, wenn man eine von einem Arzt oder Heilpraktiker empfohlene Diät befolgt, diese Diät beibehalten. In Sonderfällen, wie bei einem Blutzuckerproblem, sollte man sich unbedingt an den Rat des Fachmanns halten.

Vitamine und mineralische Zusätze können nützlich oder nicht nützlich sein. Darüber muß man klug entscheiden. Nur wenige von uns können Vitamin- und Mineralbedarf genau angeben. Viele auf dem Gebiet der Gesundheit Tätige lehren, daß der Körper alles Notwendige aus der aufgenommenen gesunden Nahrung herausholt und selbst herstellt, was zur Aufrechterhaltung von Gesundheit und Leistungsfähigkeit benötigt wird, wenn der Mensch in Harmonie mit den Naturgesetzen lebt. Das Feld der Ernährungslehre ist so groß, daß der Leser, der sich näher damit befassen möchte, einschlägige Literatur heranziehen sollte. Mein persönlicher Rat ist, sich möglichst einfach und natürlich zu ernähren und alles Extreme zu vermeiden.

Kannst Du ausreichend und regelmäßig ausruhen? Schläfst Du zu vernünftig festgesetzten Zeiten? Hast Du einen gesunden Schlaf, der Deinen körperlichen Bedürfnissen entspricht? Der Schlafzyklus wie andere Körperzyklen ist in der Regel gesundheitsfördernder, wenn wir uns an feste Zeiten halten. Wenn Du einschläfst, richte Deine Gedanken auf Deine schöpferischen Möglichkeiten oder auf Deine Beziehung zu Gott. Dies dient nicht nur der Klärung des Bewußtseins, sondern kann auch zu einem mehr über- als unbewußten Schlaf führen, das heißt, wenn wir mit schöpferischen oder andächtigen Gedanken einschlafen, können die überbewußten Einflüsse in den mentalen Bereich eindringen, wodurch wir Führung erhalten, Probleme lösen und leistungsfähiger sein können, wenn wir erwachen. Es ist nicht ungewöhnlich für denjenigen, der in meditativem Zustand eingeschlafen ist, lebhafte Träume zu haben, in denen sich sein Bewußtsein erweitert. Die Läuterung der mentalen Ebene führt schließlich ungeachtet des vorherrschenden mentalen Zustandes dazu, daß wir immer bewußt sind. Wir werden während des Schlafes innerlich bewußt sein, und im Wachzustand werden wir trotz Beschäftigung mit äußeren Dingen im inneren Wissen verankert sein.

Wenn Körper und Nervensystem von Streß befreit sind, können die heilenden Kräfte unbehindert wirken. Es ist dann wahrscheinlicher, daß wir unser ganzes Leben gesund und in jugendlicher Kraft vollenden. Ich kenne Männer und Frauen, die über 80 und 90 Jahre ihres Erdenlebens hinter sich gebracht haben und noch immer so rüstig und geistig rege sind wie manche Leute im mittleren Alter. Zwar alt an Jahren, aber jung in Körper und Gemüt, genießen diese Menschen das Leben in dem Wissen, wie sie sich von mentalem und psychologischem Druck freihalten können. Sie sind aktiv und zielbewußt. Sie sind glücklich und haben ein Gefühl der Übereinstimmung mit dem größeren Leben, von dem sie eine Ausdrucksform sind.

Die ideale Bewegungsübung,
Deinen persönlichen Bedürfnissen gemäß

Das ideale Übungsprogramm ist dasjenige, das Dir die erwünschten Ergebnisse bringt. Übung macht die Muskeln geschmeidig, verbessert den Blutkreislauf, steigert die Energiereserven, stärkt die allgemeine Körperfunktion und hilft uns dabei, unsere Lebensgeister aufzufrischen und mit der Welt in Übereinstimmung zu sein. Du magst feststellen, daß ein tägliches Programm, bei dem der Körper abwechselnd gestreckt und gebogen wird, am hilfreichsten ist, oder Du magst es vorziehen, schnell zu gehen oder langsam zu laufen. Schwimmen ist eine gute Übung für den ganzen Körper. Tennis, Bergsteigen, Radfahren und Trambolinspringen sind weitere beliebte Übungen, um den Körper zu trainieren und die mentale Einstellung zu erneuern. Von vielen Fachleuten wird empfohlen, den Körper zwei oder dreimal in der Woche so stark zu belasten, daß das Herz für mindestens zwanzig Minuten schneller schlagen muß. Dies erhöht die Gesundheit des Herzens und des Kreislaufsystems und verbessert die Körperfunktionen als Ganzes.

Hatha-Yoga-Stellungen und Atemübungen sind äußerst beliebt, um die Lebenskräfte durch den ganzen Körper zu leiten. Das Üben der Yoga-Asanas, wie die Stellungen genannt werden, bewirkt, daß sich die Körperprozesse verlangsamen und so zur Entspannung und Streßverminderung beitragen. Sie verbessern auch die Funktion der endokrinen Drüsen, beruhigen das Gemüt und bereiten uns auf Konzentration und Meditation vor. Die Beuge- und Dehnübungen verbessern die Lymphtätigkeit, den Blutkreislauf und erhöhen die Nervenkraft. Die Atemübungen dienen dazu, Kontrolle über die Lebenskraft, genannt Prana, zu erreichen und tragen dazu bei, daß diese Kraft unbehindert durch feinstoffliche Kanäle in den Körper fließen kann.

Chiropraktische Behandlung kann hilfreich sein, denn der Fluß der Nervenkraft entlang der Wirbelsäule wird oft durch schlechte Haltung beeinträchtigt. Es gibt zahlreiche Behandlungsmethoden und Hilfe von Fachleuten in Gesundheitsfragen ist jederzeit erhältlich, wenn sie benötigt wird.

Auf jeden Fall aber sollte man an alle Fragen, die die Gesundheit und Funktiontüchtigkeit des Körpers betreffen, mit einem gesunden Denken herangehen. Wer kein Gesundheitsbewußtsein hat, probiert ein System nach dem anderen aus, ohne daß er für sein Problem eine Lösung oder Heilung erreicht. Ich betone die ganzheitliche Methode: Spirituelle Gesundheit, mentale Klarheit, emotionales Wohlbefinden und dazu jedes hilfreiche Programm, das zur Gesundheit des Körpers beitragen kann. Wenn wir Gesundheit und Leistungsfähigkeit erst einmal hergestellt haben, brauchen wir nur noch für deren Erhalt zu sorgen, indem wir einige tägliche Übungen durchführen und können den größten Teil unserer Zeit dazu verwenden, höhere Ziele zu erreichen und Erfüllung zu erfahren. Es gibt Leute, die mit Gesundheitsfragen so beschäftigt sind, daß sie überhaupt nicht dazu kommen, ein glückliches und schöpferisches Leben zu führen.

Wenn Heilung und verbesserte Funktionsfähigkeit notwendig sind

Wenn Dein Körper nicht in der ihm bestimmten Weise funktioniert, ist Heilung und Wiederherstellung nötig. Zahlreiche Beschwerden beruhen auf mentalen und emotionalen Konflikten (vergleiche die Kapitel in diesem Buch, die sich mit diesen Themen befassen, wenn Hilfe auf diesem Gebiet erforderlich ist). Zu hoher Blutdruck ist die Ursache vieler Beschwerden. Beseitige die Neigung zu übermäßiger Anspannung und die Beschwerden verschwinden von selbst. Ist Dein Denken klar und geordnet? Fühlst Du Dich wirklich wohl? Achtest Du auf richtige Ernährung, regelmäßige Entspannung und Bewegung?

Vielleicht ist Heilung deshalb erforderlich geworden, weil die mental-emotionalen Strukturen verändert werden müssen, oder weil die Körperenergien nicht in gesunder Weise durch den Körper fließen. Wende die Technik der schöpferischen Vorstellung an, um Dich innerlich als gesund zu sehen und zu fühlen. Kooperiere mit der inneren Intelligenz, die stets bereit ist, Gesundheit zu schenken, wenn man ihr die Gelegenheit dazu gibt. Stelle Dir vor, vollkommen gesund zu sein, und daß alle Organe richtig funktionieren. Schicke Lebenskraft zu den Körperteilen, die der Regeneration bedürfen. Liebe und akzeptiere Deinen Körper. Fühle Dich glücklich, gesund und dankbar für Deine Gesundheit und richtige Funktion. Lächle und lache öfter, sei heiter und gelöst.

Wir brauchen uns nicht übermäßig anzustrengen, um Gesundheit herzustellen. Die richtige Einstellung ist die Erwartungshaltung, gesund zu sein, sich gesund zu fühlen, für die nahe und fernere Zukunft Pläne zu schmieden, und die in uns schlummernden heilenden Kräfte hervorzurufen. Kannst Du Gesundheit und Funktionsfähigkeit akzeptieren? Willst Du Gesundheit und Funktionsfähigkeit akzeptieren? Oft fragen wir denjenigen, der uns wegen Heilung anspricht: „Möchtest Du gesund sein und Dich wohlfühlen?" Wenn wir ihm eine bejahende Antwort entlocken und ihn dazu bringen können, konstruktive Maßnahmen zu ergreifen, ist gewöhnlich die Heilung schon gesichert. Der Wille zum Leben ist das stärkste Heilmittel in unserer Welt, da der Lebenswille die Energien und Körperfunktionen zur Regeneration, Gesundheit und Vitalität antreibt. Wenn der Wille zum Leben nicht mehr vorhanden ist, verringert sich der Fluß der Lebenskräfte, die dann nur noch im latenten Zustand vorhanden sind.

Unser Leben verläuft in Stufen und Zyklen. Wir traten in diese Welt ein und gleiten über die Stufen des Wachstums, der Erfahrung und Verantwortlichkeit. Wenn wir unsere Ziele hier erreicht haben, werden wir dieses Feld der Erfahrung verlassen und auf ein anderes übergehen. Solange wir in Beziehung zu dieser Welt stehen, finden sich für uns schöpferische Gelegenheiten, und wir bleiben in Verant-

wortung uns selbst und anderen gegenüber. Ist es nicht eine gute
Idee, so gesund und vital wie möglich zu sein, solange wie wir hier
sind? Ist es nicht ein guter Plan, in bewußter Verbindung mit dem
größeren Leben zu bleiben, das sich ständig ausdehnt? Ich denke so,
und ich bin sicher, Du auch.

Welche Bedürfnisse Du auch haben magst, was Du auch brauchst,
um gesund zu sein und Dich wohlzufühlen, all das ist in dieser Welt
vorhanden und Du hast das innere Wissen, um bei jedem Schritt des
Lebens eine gute Wahl zu treffen.

MERKE:

1. **Es ist natürlich, gesund, funktionstüchtig und vital zu sein.**
2. **Achte auf Gesundheit und gute Funktion auf allen Ebenen.**
3. **Sei im Gesundheitsbewußtsein verankert.**
4. **Meditiere, um Streß aus dem Nervensystem und dem Körper zu entlassen.**
5. **Achte auf die Bedürfnisse des Körpers und auf gesunde Ernährung.**
6. **Entwerfe Dir ein Bewegungsprogramm, das Deinen persönlichen Bedürfnissen entspricht.**
7. **Setze die Lebenskräfte frei, um Heilung und Funktionstüchtigkeit zu ermöglichen.**

Plan zur Zielverwirklichung
GESUNDHEIT UND VITALITÄT

Ziel oder letztendlicher Zweck:

Bejahe: *,,Ich vollende meine Zwecke und erreiche meine Ziele
durch intelligentes Engagement und mit Gottes Hilfe.''*

Schritte zur Verwirklichung:

Eventuelle Hindernisse oder Begrenzungen:

Lösungen und Handlungsabläufe:

Bejahe: *,,Ich erkenne Lösungen, gehe diese Schritte zur Verwirklichung und erreiche meine gesteckten Ziele.''*

Was erwarte ich als Ergebnis dieses Planes zur Verwirklichung:

Verwirklicht:_____ Datum:_____

Verwirklicht:_____ Datum:_____

Verwirklicht:_____ Datum:_____

**Notiere Ausführungen und Vollendungen kurzfristiger und langfri-
stiger Ziele. Benutze leere Seiten dieses Buches oder ein zusätzliches Notizbuch, um Ziele zu planen und Ergebnisse zu notieren.**

Richtlinien zur Verwirklichung

Sei gut zu Dir. Wenn Du Dich achtest, tust Du von selbst alles Erforderliche, damit Dich das Leben erhält und segnet. Dein Körper ist
eine Ausdehnung Deines wahren Wesens. Finde das Programm heraus, das Deinen persönlichen Bedürfnissen hinsichtlich Ernährung,
körperlicher Übungen, Ruhe und Verjüngung am besten entspricht.
Lebe beständig aus dem Seelengewahrsein und sei in Harmonie mit
den Naturgesetzen, soweit Du sie verstehst. Akzeptiere Gesundheit,
Vitalität und ein langes Leben als etwas Natürliches. Sei Dir Deines
Zieles in dieser Welt bewußt und erkenne klar, daß ein erleuchtetes
Bewußtsein sich bis in Deine körperliche Form ausdehnt. Auf Seelenebene bist Du bereits voller Vitalität. Lasse diese Vitalität den ge-
samten Organismus, jedes einzelne Organ, alle Muskeln, jede Zelle
Deines Körpers durchdringen.

Zur Betrachtung und Verwirklichung:

*,,Ich akzeptiere freudig Gesundheit und Vitalität als meine natür-
liche Erfahrung. Ich lege mit Leichtigkeit alle Gewohnheiten und
Verhaltensweisen ab, die nicht mit dem strahlenden Leben in
Übereinstimmung sind. Unendliches Leben durchflutet mein Gemüt, mein Gefühl, meinen Körper, um mir vollkommene Funktion und blühende Gesundheit zu verleihen."*

Notizen für Pläne und Projekte

Notizen für Pläne und Projekte

,,Ich habe niemals einen Gesellen gehabt, der geselliger war
als die Einsamkeit. Wir sind meist einsamer, wenn wir nach
draußen unter Menschen gehen, als wenn wir in unserem
Zimmer bleiben. Ein denkender oder handelnder Mensch ist
immer allein, wo er auch sein mag.''

Henry David Thoreau

,,Du sollst lieben Gott, deinen Herrn, von ganzem Herzen,
von ganzer Seele und von ganzem Gemüte. Dies ist das erste
und größte Gebot. Das andere aber ist ihm gleich: Du sollst
deinen Nächsten lieben wie dich selbst.''

Matthäus 22, Vers 37-39

,,Einer half dem anderen und sprach zu seinem Nächsten:
Sei getrost!''

Jesaja 41, Vers 6

VIII

Erlebe offene und hilfreiche Beziehungen

Es gibt keinen Menschen in der Welt, der nicht einer Beziehung bedürfe, entweder mit anderen seiner Art oder mit der Umgebung, in der er lebt. In der Gesellschaft ist gegenseitige Unterstützung zwischen den Mitgliedern und Gruppen erforderlich, aus der die Gesellschaft besteht, und wer allein in der Natur lebt, muß mit den Aspekten der Natur kooperieren, die ihn zum Leben und zum Überleben befähigen. Menschliche Wesen bedürfen einer fördernden Beziehung zu anderen Menschen und zu ihrer Umgebung.

In einer idealen Beziehung wird das Gute miteinander geteilt und Bedürfnisse gestillt. Auf selbstsüchtiger Ebene kann man Beziehungen als eine Art Handel ansehen, eine Art zu nehmen, die allgemein gebilligt wird. Auf einer höheren Ebene begreifen wir, daß das Leben ein organisches Ganzes und ein Austausch zwischen den Teilen dieses Ganzen erforderlich ist, damit der Weltorganismus gesund sein kann. In der gesunden Einheit einer Familie wird zwischen allen Mitgliedern Liebe und gegenseitige Unterstützung ausgetauscht. Ebenso in einer Gesellschaft, in einer Organisation oder in der Weltgemeinschaft.

Die Grundlage offener und hilfreicher Beziehungen ist Verständnis und Liebe. Wer versteht, daß das Leben ein organisches Ganzes ist, kann nicht länger ichbezogen sein. Stattdessen denkt der Verstehende daran, alles Erforderliche zu tun, um das Leben insgesamt lebenswerter zu machen. Wenn wir lieben, uns mit allem Leben verwandt fühlen und Achtung vor allem Leben haben, neigen wir von selbst dazu, uns auf eine Weise zu geben, die für alle am besten ist. Hinter jeder Erscheinung, in allen Situationen und Ausdrucksformen des Lebens, steht das eine Leben, das sich entfalten und seine Absicht erfüllen will. Sobald wir das erkennen, gehen wir mehr auf die

Bedürfnisse unserer Mitmenschen und unseres Planeten ein. Manchmal halten wir es für leichter, die Natur, Pflanzen oder Tiere zu lieben als unsere Mitmenschen. Viele Menschen scheinen kompliziert und unberechenbar zu sein in ihrer Angst und ihrer Ich-Bezogenheit. Nach einiger Erfahrung sind wir in der Lage, hinter den äußeren Persönlichkeitsmerkmalen das wahre Wesen der anderen zu erkennen. Wir können die Vorurteile aufgeben und in jedem Menschen dieselbe göttliche Wesenheit sehen wie in uns selbst.

Entwickle die Fähigkeit und Geschicklichkeit zur Kommunikation

Beziehungen beginnen mit dem Einzelnen. Mental und emotional geklärt, können wir unsere Umgebung klar erkennen. Wir sehen, was ist, anstatt unsere Wahrnehmungen durch mentale und emotionale Verzerrungen zu verschleiern. Ein Mensch, der auf Mißlingen ausgerichtet ist, findet um sich herum nur Gründe für Mißerfolge. Ein Mensch, der leicht ärgerlich wird, findet überall Gründe, die ihn noch ärgerlicher machen. Wer Erfüllung sucht, sieht überall günstige Gelegenheiten und sucht das Gute und Schöne in jeder Situation. Von höchster Wichtigkeit ist unsere eigene spirituelle und psychische Gesundheit, wenn wir auf wirksame Weise mit anderen in Beziehung treten wollen.

Tritt in Beziehung mit Deiner unmittelbaren Umwelt. Akzeptiere die Welt um Dich herum als eine Energiequelle, die dazu bestimmt ist, Dich mit allem Notwendigen für Sicherheit und Wohlergehen zu versorgen, solange Du hier bist. Achte Deine Umgebung und sei ein guter Verwalter der Dinge und Mittel, für die Du verantwortlich bist. Wie lange ist es her, daß Du einen Spaziergang gemacht und bewußt die Dinge Deiner Umgebung wahrgenommen hast? Wie lange ist es her, daß Du die Gelegenheit wahrnimmst, der Natur nahe zu sein und die heilende Wirkung der frischen Luft, der Sonne und der Pflanzen zu genießen? Wie lange ist es her, daß Du echte Beziehung zu Deinem Auto, zu Deinen Kleidern, Deiner Wohnung oder zu Deinen Werkzeugen hattest? Die Dinge bestehen aus Energie und erwidern unsere Aufmerksamkeit und Sorgfalt. Wir können sogar sagen, sie erwidern unsere reine Liebe.

Ein Hauptproblem unter den Menschen ist der Mangel an Verständigung. Sprechen wir deutlich, wenn wir uns mit anderen unterhalten? Schreiben wir deutlich? Geben wir wirklich die richtigen Zeichen? Können wir anderen zuhören? Nehmen wir wirklich auf, was sie uns mitteilen wollen? Klare Kommunikation setzt voraus: Grund zur Kommunikation, Übereinkunft des Besprochenen (Abkommen), Bestätigung, daß die Kommunikation klar erhalten worden ist. Ohne diese drei: Grund, Übereinkunft und Bestätigung ist der Kommunikationskreis nicht vollständig und Mißverständnisse sind vorhanden. Beseitige die Mißverständnisse und Verständigung tritt ein.

Unterscheidungsvermögen läßt uns die Absicht der anderen durch Intuition erkennen. Auch wenn die mündliche oder schriftliche Übermittlung unklar ist, können wir lernen, die Absicht eines anderen zu erkennen und zu verstehen. Wir haben alle Augenblicke erlebt, in denen Worte unnötig waren und der schweigsame Austausch genügte. Wenn Du meinst, daß Du Deine Absichten nicht klar zum Ausdruck bringen kannst, dann wisse, daß Geschicklichkeit und Fähigkeit zur Kommunikation erlernbar sind. Wende die Technik der schöpferischen Imagination an und versetze Dich erneut in die Situationen, die Du als Herausforderung empfunden hast und wandle sie in Deiner Vorstellung zu Situationen um, die erfolgreich verlaufen. Auf diese Weise entwickelst Du Vertrauen zu Dir selbst und bist dem, was früher eine Herausforderung für Dich war, gewachsen.

Wenn Du mit jemandem in Beziehung treten willst, der sich ablehnend und mißtrauisch verhält, besänftige ihn, indem Du ihn durch Worte und Verhalten von Deinen guten Absichten und Deiner Kooperation überzeugst. Jeder möchte geachtet und in irgendeiner Form unterstützt werden. Wenn Du eine offene und hilfreiche Beziehung mit anderen wünschst, dann sei respektvoll und hilfsbereit. Das Wunderbare ist, wenn wir dem Leben das Beste von uns geben, erhalten auch wir das Beste.

Klären vergangener und gegenwärtiger Beziehungen

Gegenwärtige Kommunikationsprobleme können ihre Wurzel in früheren Ereignissen und Erfahrungen haben. Falls wir in einer früheren Beziehung abgelehnt, verletzt oder mißbraucht wurden, mögen wir zu einer offenen Kommunikation nicht mehr bereit sein, um weitere Ablehnung, Verletzung oder Mißbrauch zu vermeiden. Gehe betend alle Probleme durch, die mit früheren Ereignissen zusammenhängen, die Dich verletzt haben. Sollten die an den Ereignissen Beteiligten noch am Leben sein, wäre es hilfreich, sich mit ihnen in Verbindung zu setzen und das Problem zu klären. Vielleicht haben wir unsere Angst vor elterlicher Autorität noch nicht überwunden. Vielleicht wollen wir ihnen immer noch etwas beweisen. Vielleicht verpfuschen wir unser Leben, nur um ihnen zu trotzen. Das sind zwar seltsame Gründe, aber wir reagieren oft nicht so, was man ideal nennen könnte. Komme ins Reine mit Erinnerungen und Gefühlen früherer Mißerfolge, Ablehnung, Verlust und Schmerz, und setze so die Energie für höhere Ziele frei.

Beseitige alle inneren Begrenzungen, soweit Dir das möglich ist. Einige grundlegende Begrenzungen rühren aus unserer Kindheit. Vielleicht haben wir Angst vor dem Leben? Vielleicht haben wir Angst vor dem Tod? Vielleicht haben wir Angst vor Erfolg? Vielleicht haben wir Angst vor der Meinung anderer? Untersuche Deine Ängste und kläre Deine Gedanken und Gefühle, die damit in Zusammenhang stehen. Viele Leute haben deshalb Konflikte, weil sie, während sie einerseits Erfüllung wünschen, andererseits Schuldgefühle darüber haben, daß sie glücklich und wohlhabend sind. Immer wieder höre ich: „Ich bin glücklich. Ich werde geliebt. Ich bin erfolgreich, aber ich weiß, daß das nicht ewig so bleiben kann." Ich kenne eine Frau, die mit einem reichen Mann verheiratet war und alles hatte, was sie sich von einer Beziehung versprach. Insgeheim sagte sie sich: „Es ist eigentlich zu schön, um wahr zu sein. Es kommt mir vor, als lebe ich in einem Traum." Später verlor ihr Ehemann sein Geld, und sie wurden geschieden. Zuletzt hörte ich von ihr, daß sie Hausarbeit angenommen hatte, um ihren Lebensunterhalt zu verdienen. Wir schaffen unsere äußeren Umstände unserem Bewußtseinszustand

gemäß, denn wir kooperieren in Übereinstimmung mit einem emp-
fänglichen Gemüt, das auf unsere mentalen und emotionalen Bedingungen eingestellt ist.

Sollte eine gegenwärtige Beziehung der Heilung bedürfen, heile sie.
Oft sind andere nur deshalb so eigensinnig, weil wir ein entsprechen-
des mentales Bild über sie ständig mit uns herumtragen, das wir uns
von ihnen gemacht haben. Wir mögen zur Veränderung nicht bereit
sein, solange sie sich nicht ändern, und dadurch befinden wir uns in
einer Sackgasse. Oft hören wir jemanden sagen: „Ich bin bereit mich
zu ändern, wenn Du Dich änderst, aber Du mußt Dich zuerst ändern." So bleiben unsere Kommunikationsprobleme oft nur deshalb
bestehen, weil wir unsere eigenen Persönlichkeitsspiele weiterspielen
wollen.

Wir spielen oft unsere Rollen, ist es nicht so? Wir spielen uns auf
mit unserem Gehabe, mit unseren Reden und Antworten. Wir spielen diese Rollen weil wir glauben, sie seien unseren Zielen dienlich.
Unser Ziel kann darin liegen, einen Konflikt aufrechtzuerhalten aus
diesem oder jenem psychischen Grund, und es scheint auch, als ob
einige Leute von Geburt an hinterlistig und böse seien. Doch niemand braucht an einer Struktur festzuhalten, nur weil diese Struktur
für eine gewisse Zeit bestanden hat. Änderung ist immer möglich,
wenn der Betreffende den Wunsch dazu hat. Auch wenn jemand,
mit dem wir in Beziehung stehen, gemein und boshaft sein sollte,
liegt es an uns, innerlich ruhig zu bleiben und das der Situation Angemessene zu tun. Wir mögen mit der Einstellung und dem Verhalten eines Menschen nicht einverstanden sein, aber wir können stets
das innere Wesen achten.

Um klare Beziehungen aufrechtzuerhalten, ist es sehr sinnvoll, ge-
troffene Vereinbarungen einzuhalten. Sollten wir uns zu etwas Bestimmten bereit erklärt haben, sollten wir es zur abgesprochenen Zeit
und auf vereinbarte Weise ausführen. Wenn wir unsere Vereinbarungen einhalten, bleiben unsere Beziehungen klar, und wir zeigen
dem anderen, daß wir zuverlässig und hilfsbereit sind. Einen anderen
Menschen fallen zu lassen, mit dem wir eine Vereinbarung getroffen
haben, ist im höchsten Grade unverantwortlich. Einhalten von Vereinbarungen erstreckt sich auch auf Kleinigkeiten: Zur verabredeten

130

Zeit bei einem Treffpunkt erscheinen, Telefonanrufe zu beantworten, unsere persönliche Verantwortung innerhalb einer Gruppe wahrzunehmen, mit einem Satz: Dazusein, wenn man es von uns erwartet.

Gewinn für jeden in allen Beziehungen

In allen Beziehungen, ob persönlich, gesellschaftlich, geschäftlich oder wie auch immer, können alle Beteiligten gegenseitig Gewinn ziehen, wenn es sich um eine ideale Beziehung handelt. Du mußt nicht verlieren, damit ein anderer gewinnen kann. Du mußt nicht auf Kosten eines anderen gewinnen. Wir betonen *hilfsbereit* zu sein, weil es unsere Pflicht ist, unsere Umgebung zu unterstützen und zu erhalten. In dem Spiel des Lebens kann jeder gewinnen. Und was ist mit den Verlierern, von denen es so viele zu geben scheint? Sie können lernen, zu gewinnen. Wir können sie belehren, inspirieren, motivieren und das Beste aus ihnen hervorrufen, zu dem sie fähig sind, wenn wir bereit dazu sind. Wir können nicht immer vorhersehen, in welcher Weise ihre Entfaltung vor sich gehen wird, denn sie haben ihre eigenen Bedürfnisse und Strukturen, mit denen sie sich auseinandersetzen müssen. Es gibt keinen Grund, warum wir uns nicht eine ideale menschliche Gesellschaft und eine ideale Welt vorstellen und für sie wirken können, indem wir für unsere eigene Erfüllung sorgen und diese an andere weitergeben.

Eltern können ein ideales Leben führen, so daß sich die Kinder an ihnen ein Vorbild nehmen können. Eltern können ihren Kindern die Weisheit der Achtung vermitteln, Pflichtgefühl und Sorgfalt sowie Ausbildung und weise Zukunftsplanung. Es ist unsere Pflicht, denen zu helfen, die auf uns angewiesen sind und unser Wissen mit ihnen zu teilen.

Männer und Frauen können lernen, sich zu achten, sich gegenseitig zu helfen und zu Wachstum und Entfaltung des anderen beizutragen. Wenn wir wirklich den anderen achten und lieben, ist es ganz natürlich, daß wir das Beste und Höchste für ihn wünschen, auch wenn dies nicht unbedingt das ist, was wir für ihr Höchstes und Bestes halten. Hast Du jemals einem anderen gesagt: „Ich wünsche das

Beste für Dich, aber ich wünsche, daß Du das tust, von dem ich meine, daß es das Beste für Dich ist"? Jemand mag sagen: „Ich wäre glücklicher, wenn Du ein Arzt anstatt ein Verkäufer werden würdest." Mitgefühl und der Wunsch, anderen zu helfen, verführt uns manchmal dazu, für andere zu entscheiden, obwohl diese die Freiheit zur eigenen Entscheidung haben sollten.

Spirituelle und emotionale Reife führt auf natürliche Weise zu offenen und hilfreichen Beziehungen. Wir würden nicht daran denken, jemanden zu schaden, wenn wir in ihm eine andere Ausdrucksform von uns selbst sehen könnten. Wir würden nicht daran denken, unsere Umwelt zu verschmutzen, wenn wir erkennen könnten, daß unsere Umwelt uns unterstützt und künftigen Generationen als Heimstätte dienen wird.

Sexualität: Unsere eigene und die der Welten

Die Welt besteht durch die Wechselbeziehung männlicher und weiblicher Einflüsse. Selbst auf der Ebene des Atoms finden wir Beziehungen zwischen negativen und positiven Einflüssen. In der Natur erkennen wir Antrieb und Erfüllung, Wunsch und Befriedigung, Spannung und Entspannung. Leben ist von gleicher Art, und wir sind Teil des Lebensprozesses.

Die männlichen Wesen im Tier– und Menschenreich besitzen, was die weiblichen brauchen und die weiblichen besitzen, was die männlichen brauchen. Wenn wir die Art und Weise untersuchen, in denen sich die Natur entfaltet hat, stellen wir fest, daß der ganze Vorgang sehr außergewöhnlich ist. Männlicher und weiblicher Austausch ist Voraussetzung, damit wir Gesundheit und Harmonie erfahren. Einige Menschen haben in sich ein solches Gleichgewicht hergestellt, daß sich das männliche und weibliche Prinzip bei ihnen zur Vollkommenheit ergänzen. Dennoch müssen auch sie zu männlichen und weiblichen Prinzipien ihrer Umwelt in Beziehung treten.

Man sollte meinen, daß es das Natürlichste in der Welt sei, mit seiner Sexualität ins Reine zu kommen. Aber wenn wir den wissenschaftlichen Untersuchungen Glauben schenken dürfen, leiden viele

Männer und Frauen an Konflikten und Schwierigkeiten gerade in diesem Lebensbereich. Liebende haben nur wenige Konflikte, weil die Natur so geschaffen ist, daß wenn sie sich selbst überlassen bleibt, aus sich heraus zur Vollkommenheit neigt. Falsche Erziehung führt manchmal zu Schuldgefühlen in bezug auf Sexualität, doch richtige Aufklärung, Selbstanalyse und gesunder Menschenverstand biegen die Dinge bald wieder zurecht.

Der Sexualtrieb ist stark und sucht durch intime Beziehungen und gegenseitigen Austausch Befriedigung und Erfüllung. Obwohl die moderne Gesellschaft mit Büchern überschwemmt wird, in denen dargelegt ist, wie man Befriedigung in sexuellen Beziehungen finden kann, genügt Menschen mit gesundem Verstand ihre eigene Einsicht, um zu wissen, wie sie mit ihrer eigenen Sexualität und der ihrer Umwelt zurechtkommen. Wenn wir uns selbst und die mit uns in Beziehung Stehenden achten, sind Aufrichtigkeit und gegenseitige Hilfe gewiß die Regel. Durch das Gesetz der sexuellen Anziehung sorgt die Natur für die Erhaltung der Arten und für die emotionale und mentale Erfüllung der Lebewesen. Es ist nicht ohne Grund, daß die Philosophen und Dichter in allen Jahrhunderten die Tugenden der Liebe und die tiefe Vereinigung zwischen den Geschlechtern gepriesen haben. Das größere Leben wird in uns sichtbar, um seine höchsten Ziele zu verherrlichen.

Eine wahre Liebesbeziehung verhindert keineswegs Entfaltung und Selbstverwirklichung. Im Gegenteil: Die Fähigkeit zu lieben und anderen zu helfen ist ein Beweis von Gesundheit und Wohlbefinden. Wo wahre Liebe vorherrscht, existiert weder eigennütziges Fühlen noch Verhalten. Es kann keine Eifersucht, keine Verärgerung oder sonst ein destruktiver oder unnützer Gedanke oder Wunsch aufkommen, wenn wahre Liebe gegenwärtig ist. Vollkommene Liebe ist in allen Beziehungen die Antwort auf jede Herausforderung, die Lösung jeglichen Übels.

Die goldenen Jahre als Jahre der Reife und des Gebens

Wenn wir ein gutes Leben geführt haben, können wir in die letzten Jahre unseres Erdendaseins in die volle Blütezeit der Reife eintreten. Sie können Gelegenheit sein, Angefangenes zu vollenden, Gemüt und Bewußtsein vollständig zu klären, und uns auf den Übergang von diesem Lebensbereich zu einem anderen vorzubereiten. Wer selbstverwirklicht ist, fürchtet sich nicht vor der Beendigung des einen Erfahrungsabschnittes, denn er weiß, daß ein neuer gewiß ist. Wer seine Lektionen in bezug auf seine Verantwortlichkeiten gut gelernt und seine Bestimmung erfüllt hat, ist in einer sicheren Lage, sein Wissen anderen mitteilen zu können. Das Ideal ist, in den jüngeren Jahren des Erwachsenseins ein erfolgreiches Leben zu führen, um dann durch Zuwendung philanthropischer Werke der Gesellschaft zu größerer Gesundheit und erleuchteter Zivilisation zu verhelfen. Auch innerhalb der Mitglieder einer Familie und unter Freunden kann ein älterer und weiser Mensch seine Erfahrungen weitervermitteln und helfen, wenn er den Zustand der Reife erreicht hat. Natürlich behalten viele ältere Menschen eine starre Haltung bei, doch es gibt auch viele in ihren goldenen Jahren, deren Weisheit von den jüngeren Mitgliedern einer Gemeinschaft nicht recht gewürdigt wird.

Die Gesetzmäßigkeit des Gemüts und Bewußtseins hört nicht einfach auf, nur weil wir ein bestimmtes Alter erreicht haben. Niemand sollte im Alter in der Vorstellung befangen sein, eingeschränkt und begrenzt zu sein. Was jeder tun kann und sollte ist, ältere Menschen zu ermutigen, schöpferisch und leistungsfähig zu bleiben. Viele ältere Menschen berichten, daß das Leben von ihrem Standpunkt aus gesehen leichter und besser wird, je länger sie leben. Solche Männer und Frauen erklären, daß sie freiherziger lieben, sich genauso kräftig fühlen, ebenso wissensdurstig sind wie zuvor, und daß ihre Vitalität sich nicht vermindert hat. In einigen Bereichen der westlichen Gesellschaft und in einigen anderen Kulturen in der Welt wird das Alter hoch geachtet, ja verehrt. Dies ist eine schöne, heilsame Sitte, die von den Mitgliedern der menschlichen Gesellschaft kultiviert werden sollte.

Einmal wird für alle in der Welt verkörperten Seelen die Zeit kommen, wo sie diese Sphäre verlassen müssen, weil die Reise zu Ende ist und neue Erfahrungen warten. Wir wurden in diese Welt geboren, weil wir eine andere verlassen haben, und wenn wir diese Welt verlassen, werden wir wieder in eine andere eintreten. So ist das Leben. Es setzt seine Evolution fort, und alle unsere Wünsche können das nicht ändern. Haben wir gut gelebt, wird auch unser Verlassen dieser Welt leicht sein, und wir werden uns mühelos mit dem Licht des Bewußtseins vereinigen, aus dem wir hervorgegangen sind, bewußt und in völligem Frieden und in Gelassenheit. Wir werden die Welt als einen besseren Ort zurücklassen, weil wir hier gewesen sind. Es wird kein Bedauern geben, keine halbfertigen Sachen, nichts, was noch getan werden müßte. Wir lassen unsere guten Werke und vielleicht auch die Projekte zurück, die von anderen fortgesetzt werden, und setzen die begonnene Entfaltung fort, ohne zurückzuschauen.

Noch ein Wort an Dich, der Du eine Beziehung hast zu einem Menschen, der sein Erdenleben beendet: Versuche nicht ihn zurückzuhalten, und verwirre ihn nicht mit selbstsüchtigen Wünschen. Liebe ihn, segne ihn und lasse ihm die Freiheit und Einsamkeit, die er wünscht, um sich innerlich auf den nächsten Schritt der Erfüllung vorzubereiten.

Unsere frühen Jahre dienen dazu, uns mit unserer neuen Umgebung bekanntzumachen und für die Grunderziehung. In den jungen Jahren des Erwachsenseins haben wir die Gelegenheit, weiterzulernen und Erfahrungen zu machen und uns auf das Erwachsensein vorzubereiten. In der Welt der Erwachsenen treffen wir Vereinbarungen und schließen Verträge, erfüllen unsere Verpflichtungen der Gesellschaft gegenüber und finden den Platz, der uns im großen Plan bestimmt ist. Dann teilen wir unser Wissen und unsere Mittel mit einer freigebigen Welt. Schließlich ordnen wir unsere Angelegenheiten, um uns auf den Übergang vorzubereiten.

Wir stehen immer mit Bewußtsein in Beziehung

In all unseren Beziehungen sind wir immer in Verbindung mit Bewußtsein in verschiedenen Formen und Aspekten seines Ausdrucks. Es mag den Anschein haben, als ob wir in Beziehung zum Menschen, zur Natur, zu Dingen und Ereignissen stünden, aber das ist nicht so. Menschen, Natur, Dinge und Ereignisse sind Erscheinungen auf der Oberfläche des Bildschirmes von Zeit und Raum. Alle äußeren Erscheinungen ändern sich. Das Bewußtsein ändert sich niemals. Wenn wir in diesem Wissen verankert sind, können wir jede Rolle übernehmen, die wir spielen wollen, und sie gut und freudig spielen, weil wir den großen Zusammenhang erkennen. Unsere Einstellung wird kosmisch, unser Verständnis des Ganzen erweitert sich und das größere Leben kann sein großes Potential entfalten, ohne oder mit nur geringem Widerstand. Auch ein überaus praktisch veranlagter Mensch, überaus realistisch denkende Männer und Frauen, werden gelegentlich verwundert sein, wenn sie den Ablauf der Ereignisse vor sich beobachten. Und schließlich kommen wir zu bewußter Erkenntnis und verstehen, daß wir sowohl der Erkennende wie der Mitwirkende, der Zuschauer und der Spieler sind, und daß wir im Rahmen unserer geringen Möglichkeiten an der Planung und Durchführung des Spiels teilgenommen haben.

Schon ein geringer Erfolg im Bestreben, mit unserer Welt in eine offenere und hilfreichere Beziehung einzutreten, wird uns belohnen und inspirieren, auf diesem Weg weiterzugehen, bis Erfüllung erreicht ist.

MERKE:

1. Alle Beziehungen sollten gegenseitig hilfreich sein.
2. Entwickle Geschicklichkeit und Fähigkeit zur Kommunikation.
3. Kläre alle Probleme mit anderen und Deiner Umgebung.
4. Spiele keine psychologischen Spiele. Sei offen, aufrichtig und hilfsbereit.
5. Komme mit Deiner eigenen Sexualität ins Reine.
6. Denke daran, daß wir immer zu Bewußtsein in Beziehung stehen.

Plan zur Zielverwirklichung
HILFREICHE BEZIEHUNGEN

Ziel oder letztendlicher Zweck:

Bejahe: *,,Ich vollende meine Zwecke und erreiche meine Ziele durch intelligentes Engagement und mit Gottes Hilfe.''*

Schritte zur Verwirklichung:

Eventuelle Hindernisse oder Begrenzungen:

Lösungen und Handlungsabläufe:

Bejahe: *,,Ich erkenne Lösungen, gehe diese Schritte zur Verwirklichung und erreiche meine gesteckten Ziele.''*

Was erwarte ich als Ergebnis dieses Planes zur Verwirklichung:

Verwirklicht:————————— Datum:————————————

Verwirklicht:————————— Datum:————————————

Verwirklicht:————————— Datum:————————————

Notiere Ausführungen und Vollendungen kurzfristiger und langfristiger Ziele. Benutze leere Seiten dieses Buches oder ein zusätzliches Notizbuch, um Ziele zu planen und Ergebnisse zu notieren.

Richtlinien zur Verwirklichung

Stimme Dich auf Deine Umwelt ein. Erkenne Bedürfnisse und stille sie. Denke darüber nach, wie Du anderen in liebevollen und hilfreichen Beziehungen dienen und mit ihnen zusammenarbeiten kannst. Denke daran, anderen bei der Erfüllung ihrer Ziele zu helfen, die sie zu ihrer Bestimmung führen. Sei offen für die Energien in der Natur, alle lebenden Wesen und allen Menschen gegenüber, mit denen Du in Beziehung stehst. Erfreue Dich am Glück der anderen. Laß das Leben durch Dich die Bedürfnisse der anderen erfüllen. Laß Dir selbst von anderen helfen und Dich von ihnen segnen. Durchschaue alle persönlichen Erscheinungsformen und erkenne die göttliche Natur in jedem Menschen. Wir sind alle eine Familie in Bewußtsein. Wir haben teil an derselben Quelle, an denselben Zielen und Wünschen. Das planetarische Bewußtsein wird klarer und gesünder, je mehr wir wahrhaft lieben und uns lieben lassen.

Zur Betrachtung und Verwirklichung:

,,*Ich achte mich selbst und andere. Ich erkenne, daß das Leben wohlwollend und hilfreich ist, und ich öffne mich der Güte und dem hilfreichen Einfluß des Lebens. Mit jedem Tag werde ich bewußter, liebevoller und offener für das Leben. Ich freue mich über die Gelegenheit, am Bewußtsein der Güte des Lebens teilzunehmen.*''

Notizen für Pläne und Projekte

,,Mein Lieber, ich wünsche in allen Stücken, daß Dir's wohl-
ergehe und Du gesund seist, wie es denn Deiner Seele wohl-
ergehe.''

3. Brief des Johannes, Vers 2

,,Physikalische Konzepte sind freie Schöpfungen des
menschlichen Gemüts und sind nicht durch die Außenwelt
bestimmt, auch wenn das Gegenteil der Fall zu sein scheint.''

Albert Einstein

,,In der Welt der Physik beobachten wir den Schattenwurf
des Dramas des gewohnten Lebens. Der Schatten meines El-
lenbogens stützt sich auf einen Schattentisch, während die
Schattentinte über das Schattenpapier fließt. Es ist alles
Symbol, und der Physiker beläßt es dabei. Dann kommt das
alchemistische denkende und fühlende Gemüt des Menschen, das die Symbole umwandelt. Um die Schlußfolgerung
zu verdeutlichen, die Substanz der Welt ist Gemütssub-
stanz.''

Sir Arthur Stanley Eddington
Die Natur der physikalischen Welt

IX

Wahres und dauerhaftes Wohlergehen

Gedeihst Du? Blühst Du auf? Bist Du in allen Lebensbereichen erfolgreich? Wenn das der Fall ist, dann ergeht es Dir wohl, wie es Dir
bestimmt ist. Wenn es einen Lebensbereich gibt, in dem Du nicht gedeihst, nicht aufblühst und erfolglos bist, dann entschließe Dich jetzt,
mit allen Einschränkungen und Begrenzungen Schluß zu machen.

Einmal eröffnete ich während eines Seminars eine Diskussion mit
dem Thema Wohlstand. Es gab sofort verschiedene Reaktionen. Viele Teilnehmer waren an dem Thema interessiert. Einige waren nicht
interessiert. Einige gerieten etwas aus der Fassung darüber, daß ich
dieses Thema bei einem Seminar, in dem es um Selbstverwirklichung
ging, zur Sprache brachte. Unter denen, die am Thema interessiert
waren, gab es Männer und Frauen, die offen über ihre Herausforderungen und Wunschträume sprachen. Unter denen, die nicht interessiert waren, gab es einige, die mit ihrem Los zufrieden waren und
andere, die zwischen Selbstverwirklichung und Wohlstand keine Beziehung herstellen konnten. Unter denen, die außer Fassung gerieten, gab es einige, die sich wegen ihres komfortablen Lebensstils
schuldig fühlten, und andere, die meinten, daß man über dieses Thema nicht auf einem Seminar sprechen sollte, bei dem es um spirituelle
Dinge geht.

Wenn wir die Entfaltung und Verwirklichung unserer angeborenen Fähigkeiten erreichen wollen, müssen wir mit der Welt, in der
wir leben, ins Reine kommen. Alle Aspekte und Bereiche des Lebens
müssen erforscht und gehandhabt werden. Es gibt viele Leute, die intelligent und gesund sind, in gesunden und hilfreichen Beziehungen
leben und dennoch nicht fähig sind, ihre Ziele zu erreichen oder zu
tun, wozu sie sich berufen fühlen, weil sie unfähig sind, mit Dingen,
Ereignissen und Mitteln richtig umzugehen. Viele können ein Pro-

jekt planen, bringen auch dafür alle notwendigen Teile zusammen und versagen doch, weil sie nicht fähig sind, sich dem Strom des Lebens zu öffnen. Sie beginnen mit einem Unternehmen und kommen auch bis zu einem gewissen Punkt voran, aber nicht darüber hinaus. Vielleicht haben sie Angst vor dem Erfolg. Vielleicht haben sie irgendwelche Schritte in ihrem Handlungsablauf unterlassen. Vielleicht haben sie Angst, mit Verantwortung umzugehen. Vielleicht sind sie nicht fähig, sich dem Strom des Geldes zu öffnen. Das Grundproblem ist, daß sie noch nicht die ideale mentale Einstellung und in den Bewußtseinszustand gekommen sind, der sie befähigt, in Beziehung zu allen Aspekten ihrer Welt frei zu funktionieren.

Das Leben möchte sich durch uns zum Ausdruck bringen, doch solange wir nicht mit der Neigung des Lebens kooperieren, bewegen wir uns nicht in Übereinstimmung mit dem gegenwärtigen Lauf und den vorhandenen Umständen. Untersuche Deine Einstellungen, um zu erkennen, ob in Dir Widerstände dagegen bestehen, im Wohlstand zu leben. Hältst Du es für nicht rechtens, erfolgreich zu sein? Denkst Du in Begrenzungen? Fürchtest Du Dich vor irgendwelchen Veränderungen, die mit einem Leben in Wohlstand verbunden sein könnten? Bist Du im Grunde faul? Suchst Du nach Entschuldigungen für Mißerfolge? Erkenne, daß die Welt, in der wir leben, Energie ist und die Summe aller Energien gleich bleibt. Energie verändert ihre Form und ist stets bereit, neue Formen anzunehmen. Wir können auf ein unerschöpfliches Reservoir von Energie zurückgreifen, die jede gewünschte Form annehmen wird, wenn wir nur erst unsere Einstellung und unseren Bewußtseinszustand entsprechend berichtigt haben. Was ich sagen will, ist dies: Wenn wir im Wohlstand leben wollen, müssen wir ein Wohlstandsbewußtsein haben. Wir müssen uns dem Strom öffnen und uns verantwortlich fühlen, mit der Substanz dieser Welt weise umzugehen. Auch wenn wir nie in Wohlstand gelebt haben, können wir lernen, erfolgreich zu sein, denn es gibt festgelegte Gesetze dafür. Wie bei allen anderen Zielen und Absichten auch, müssen wir zunächst den Wunsch haben, Wohlergehen in allen Lebensbereichen zu erfahren, und bereit sein, alles Notwendige zu tun, um in die Gesetzmäßigkeit zu kommen, die zum Wohlergehen führt.

Öffne Dich dem Guten dort, wo Du Dich gerade befindest

Gelegenheiten, zum Wohlstand zu kommen, gibt es überall um uns herum, doch wir übersehen sie. Alles Erforderliche, um Wohlstand zu erreichen, ist bereits in unserer Reichweite. Das Potential in uns kann sich als Talente, Fähigkeiten und Einsichten entfalten und uns befähigen, mit verfügbaren äußeren Mitteln in jeder sinnvollen Weise zu arbeiten, zu der wir uns inspiriert fühlen. Denken wir dabei daran, anderen Menschen zu dienen? Ein uraltes Sprichwort lautet: „Erkenne ein Bedürfnis und stille es." Das allein wird uns auf lange Sicht nicht befriedigen, wenn wir wahren dauerhaften Dienst leisten wollen. Menschen haben viele Wünsche und Bedürfnisse und fast jeder kann erfolgreich werden in dem Maße, wie er diese Bedürfnisse und Wünsche befriedigt. Der Mensch auf dem Weg zur Selbstverwirklichung denkt sowohl daran, was für Gesundheit und Wohlbefinden der anderen gut ist, wie auch daran, Bedürfnisse zu stillen. Vielleicht kannst Du ein wirklich menschliches Bedürfnis auf eine Weise stillen, wie es vorher nie geschehen ist. Vielleicht kannst Du anderen auf eine ganz einzigartige Weise dienen. Vielleicht kannst Du anderen einen Dienst leisten auf eine bessere Art, als er bisher geleistet wurde. Finde die wahren Bedürfnisse der Menschen heraus und stille sie. Denke daran, Dienst an den anderen bedeutet, daß wir in dem Maß, wie wir dienen, selbst gesegnet sind, und daß wir das Leben derjenigen bereichern, denen wir helfen.

Wenn Du ein Geschäftsmann bist oder eine Dienstleistung erbringst, für die eine Vergütung bezahlt wird, bemühe Dich um eine gerechte und leistungsgemäße Vergütung. Der Dienst, den Du anderen leistest, ist eine gerechte Belohnung wert. Öffne Dich dem Rückfluß Deiner Dienstleistungen. Sei auch für unerwartete Zuwendungen dankbar, denn Segnungen können auch durch ganz andere Kanäle eintreten, als wir sie geschaffen haben. Das Leben scheint denen in verschwenderischer Weise zu helfen, die ganz erfüllt sind von der Idee, anderen zu helfen.

Schöpferischer Unternehmungsgeist ist vereinbar mit Erleuchtung. Tatsächlich fungieren erleuchtete Männer und Frauen auf allen Gesellschaftsebenen. Einige sind in eine Aufgabe und in Pflichten berufen, die nur eine kleine Zahl von Menschen erreichen. Andere führen große Geschäftshäuser, gehen in die Politik, in ein Lehramt oder folgen ihrem eigenen Stern. Hoch oder niedrig, berühmt oder unbekannt, hat nichts mit persönlichem Wohlergehen und persönlicher Erfüllung zu tun, solange der Einzelne am rechten Platz ist und das tut, was er als seine Bestimmung ansieht. Der Mensch ist erfolgreich, der das, was er tut, deshalb tut, weil er es wünscht und das Gefühl hat, daß er mit seinem Tun anderen am besten dient. Der Mensch gedeiht, der sich glücklich fühlt in einer sinnvollen Aufgabe, für die er am besten geeignet ist.

Wer berühmt sein will, kann berühmt sein. Wer reich sein will an weltlichen Gütern, kann reich sein. Wer jedoch nicht an seinem richtigen Platz ist im gesamten Geschehen, wer nicht das tun kann, wofür er am besten geeignet ist, gedeiht nicht im wirklichen Sinn, ungeachtet der äußeren Zeichen und Formen des Erfolgs. Ich möchte Dich dazu inspirieren, Deinen richtigen Platz im Leben zu finden und in den Strom der Gnade einzutauchen, der allein zu dauerhafter Freiheit und wahrem Wohlergehen führen kann.

Disziplin ist in jedem Bereich des Lebens erforderlich, auch in bezug auf den richtigen Umgang mit unserem erwählten Beruf und der Art unseres Dienens. Hilfreiches Training ist die Disziplin in allen Bereichen, und das führt zu diszipliniertem Verhalten in allen Geschäftsangelegenheiten und schöpferischen Unternehmungen. Machen wir weisen Gebrauch von Dingen, Geld, Zeit und Energie? Jemand mag sorgfältig sein im Umgang mit Dingen, und Zeit und Energie einigermaßen weise nutzen, doch Geld verschwenden. Geld ist eine bequeme Form von Energie, das wir gegen Güter und Dienstleistungen eintauschen können. Wenn wir Geld ausgeben, haben wir zu beachten, ob wir es gegen Güter oder Dienstleistungen klug eintauschen. Setzen wir unsere Zeit, Energie und unser Geld sinnvoll ein oder verschwenden wir unsere Mittel? Lerne, in Gelddingen realistisch zu sein, ohne dabei in Denkweisen hinsichtlich Mangel oder Begrenzung zu verfallen.

Wohlstand kann eine Familienangelegenheit sein

Wenn eine Gruppe von Leuten in einer häuslichen oder geschäftlichen Beziehung zusammenarbeiten, dann ist es wichtig, daß jeder für die gemeinsame Sache arbeitet. Die Interessengebiete mögen wechseln, doch die Mitglieder der Gruppe sind aufeinander angewiesen und vermischen Einstellungen, Stimmungen und Bewußtseinszustände. Manchmal untergräbt einer allein die Wirksamkeit der ganzen Gruppe, die im übrigen schöpferisch ist und im Bewußtsein des Gedeihens steht. Negative Gewohnheiten sind ebenso ansteckend wie positive. Darum tue, was Du kannst, um die mentale und emotionale Gesundheit aller Gruppenmitglieder sicherzustellen.

In einer Familie kann es vorkommen, daß nur einer berufstätig ist und Einkommen erzielt. Die anderen Mitglieder sollten aber nicht meinen, ihr Wohl sei von den Bemühungen eines Einzigen abhängig. Wenn jeder der nichtarbeitenden Familienmitglieder sein jeweiliges Wohlstandsbewußtsein entfaltet, wird der Berufstätige entweder besser für seine Arbeit belohnt, oder neue Einkommensquellen werden sich eröffnen, wodurch das Wohlergehen der Familie vergrößert wird. Eine der am meisten einschränkenden Denkgewohnheiten ist die, sich auf ein festes Einkommen festzulegen. Dies ist häufig bei den Menschen der Fall, die für einen Stundenlohn oder für ein festes Gehalt arbeiten, Altersrente oder Zinsen von Wertpapieren erhalten. Nichts steht fest in dieser Welt. Der einzige Ort, an dem etwas feststeht und begrenzt ist, ist in der Überzeugung und Einstellung des Menschen!

Ordne Deine finanziellen Angelegenheiten

Während Du für das unerwartet Gute offen bleibst, während Du neue und bessere Wege suchst, anderen zu dienen, mache weisen Gebrauch von den verfügbaren Mitteln und gelange in den Strom des Lebens. Denke, wenn Du willst, auf der Grundlage des Dienens und Entschädigtwerdens, denke auf der Grundlage offen zu sein für alles Gute, das das Universum für Dich bereitstellt, aber denke nicht daran zu geben, um zu erhalten. Einige beginnen auf dieser Ebene des Denkens und bis zu einem gewissen Punkt scheint das zu funktionieren. Das Problem bei diesem Verhalten ist, daß man leicht versucht ist, in Verhaltensweisen des Feilschens mit dem Leben zu geraten. Gewiß ist das Leben jederzeit bereit, auch auf unser Feilschen einzugehen, aber es gibt einen höheren Weg. Dieser höhere Weg besteht darin, dem Leben das Beste zu geben, zu dem Du fähig bist und für das Leben offen zu sein, so wie es sich in seiner Unbegrenztheit entfaltet. Das Leben fließt durch uns hindurch und in dem Maße, wie wir uns ihm öffnen, wird es sich durch uns zum Ausdruck bringen. Der Augenblick des Gebens, des Teilens, des Dienens, ist der Augenblick des Gesegnetseins. Wir gedeihen in demselben Augenblick, indem wir fähig sind, von uns selbst dem Leben zu geben, in welcher Weise und in welchem Umfang auch immer.

Lerne, dem Leben gegenüber dankbar zu sein. Sei dankbar für die Gelegenheit, Erfahrungen zu sammeln und Dich zum Ausdruck zu bringen. Sei dankbar für die Wohltaten, die Du gerade jetzt genießt. Was anerkannt wird, neigt sich zu vergrößern, und was bemängelt wird, neigt sich zu verschlechtern. Durch die Macht der Gedanken, die Du denkst und der Worte, die Du sprichst, kannst Du Überfluß in Dein eigenes und in das Leben der anderen bringen. Praktiziere das in Kleinigkeiten, um das Gesetz auszuprobieren. Du wirst feststellen, daß etwas, dem Du konstruktive Aufmerksamkeit schenkst, seinen Zustand verbessert, und wenn Du Schlechtes ins Auge faßt, sich sein Zustand verschlechtert. Bringe Deine Anerkennung dem Leben gegenüber zum Ausdruck, indem Du positive Gedanken hegst, konstruktive Stellungnahme beziehst, lächelst, Vertrauen in andere setzt und Deine Mittel für sinnvolle Ziele einsetzt. Sobald Du dies tust, wird sich das Leben durch Dich in größerem Maße zum Ausdruck bringen, Du wirst auf natürliche Weise Höherführung erfahren und wahres Wohlergehen.

Wenn irgend möglich, behalte einen Teil Deines Einkommens, um es irgendwo anzulegen. Wenn nötig, lasse Dich von einem Fachmann auf diesem Gebiet beraten. Mache geschickten Gebrauch von dem Geld, das Du verdienst oder auf andere Weise erhältst. Geld kann verschwendet werden, unklug ausgegeben oder vorteilhaft angelegt werden. Geld ist Energie, und mit dieser Geldenergie kannst Du Deinen Einflußbereich erweitern und viele gute Dinge tun. Ich kannte jemanden, der sein Geld einem Freund für ein idiotensicheres Geschäft geliehen hatte. Doch er hat sein investiertes Geld nie zurückerhalten. Einem Berater sagte er: „Ich war von dem Geschäft so überzeugt, daß ich dachte, dies sei der Weg, auf dem Gott mir zu größerem Reichtum verhelfen wollte." Solange wir in bezug auf Geldanlage nicht erfahren sind, tun wir gut, uns von einem Fachmann beraten zu lassen, der besser darüber Bescheid weiß.

Nimm einen Teil Deines Einkommens oder Deiner Mittel zum Wohle der Gesellschaft oder für etwas, das der Erleuchtung dient. Vielleicht haben wir keine unmittelbare Beziehung zu Menschen, die in Not sind oder einen Weg zu einem besseren Leben suchen. Doch wir können einen Teil unseres Einkommens Organisationen und Gruppen zukommen lassen, die anderen den Weg zeigen und ihnen dienen. Wenn Du das tust, sei Dir darüber klar, daß Du nur Deine Pflicht tust, um der Menschheit zu helfen, auf eine höhere Ebene zu gelangen. Wisse, daß Du damit einen Teil Deiner Verantwortung erfüllst. Warte nicht auf irgendeinen Tag in der Zukunft, bis Deine finanzielle Lage sich verbessert hat. Fange sogleich damit an, einen Teil Deines Geldes für spätere Verwendung anzulegen, und fange sogleich damit an, einen Teil davon mit anderen zu teilen. Ist uns nicht auch oftmals auf vielerlei Art geholfen worden, ohne daß wir eine Gelegenheit hatten, uns zu bedanken oder uns auf andere Art erkenntlich zu zeigen? Gib einen Teil Deines Geldes für einen guten Zweck aus. Du wirst Dich nicht nur gut dadurch fühlen, sondern auch Deine Verpflichtung gegenüber der Menschheit erfüllen.

Sei großzügig, aber vermeide Verschwendung, wenn irgend möglich. Die Energie des Universums umgibt Dich und durchströmt Dich. Obgleich wir wissen, daß die Energie sich niemals erschöpft, sind wir dennoch verantwortlich für den weisen Gebrauch der Energie, die uns zur Verfügung steht. Es ist denen, die die Gewohnheiten der Mehrheit der Industriebevölkerung untersuchen, allgemein bekannt, daß ein großer Teil der arbeitenden Bevölkerung versäumt, zu sparen oder von ihrem Einkommen etwas anzulegen, daß sie genug für ihr Alter behalten. Ein Hauptgrund dafür ist mangelnde Vorsorge und unweiser Gebrauch der Mittel im Verlauf der Jahre. Einige Forscher sind der Meinung, daß neunzig Prozent der arbeitenden Klasse in diese Kategorie fallen.

Welchen Teil unseres Einkommens wir anlegen und für gute Zwecke abzweigen, ist unsere persönliche Entscheidung. Es ist vielfach üblich, zehn Prozent für Anlagen und zehn Prozent für gute Zwecke auszugeben. Einige beginnen mit einem geringeren Betrag und andere mit einem größeren. Wie immer wir uns entscheiden, wir sollten darauf achten, daß es regelmäßig und in einer offenen und konstruktiven Einstellung geschieht. Ich habe von Leuten gehört, die fähig sind, neunzig Prozent ihres Einkommens für die Höherentwicklung der Menschheit auszugeben, sei es durch persönlichen Einsatz oder durch Stiftungen. Eines ist sicher, wir werden niemals wirklichen Wohlstand erreichen, so lange wir nicht gelernt haben, uns frei am Leben zu beteiligen.

Erfreue Dich am Glück der anderen

In unserer Einstellung zum Erfolg oder Mißerfolg anderer Menschen spiegelt sich unsere spirituelle, mentale und emotionale Gesundheit wider. Sind wir glücklich oder neidisch, wenn wir sehen, daß ein anderer glücklich ist? Glauben wir, daß das Glück des anderen unser eigenes Glück verringert? Je größer die Zahl der erfolgreichen Menschen in unserer Welt, umso gesünder ist die Welt. Ich denke hierbei an die Gesundheit in allen Bereichen menschlichen Lebens. Wo es Armut gibt, bedarf es der Heilung. Wo es Armut gibt, gibt es Mißverständnisse und Unwissenheit über die Beziehung zum Leben. Sorge dafür, wahres und dauerhaftes Wohlergehen bewußt und in allen Bereichen des Lebens zu erfahren. Sei spirituell bewußt, mental geklärt und emotional ausgewogen, körperlich vital, liebevoll und hilfreich in Deinen Beziehungen. Sei fähig, Dich frei auf dieser Ebene von Zeit und Raum zu bewegen.

Wir müssen nicht immer denken, daß wir Geld brauchen, um Bewegungsfreiheit zu haben und um das tun zu können, was wir uns wünschen. Unsere Vorstellungsbilder werden zu Erfahrungen in unserer äußeren Welt. Darum lerne, Dich in den Umständen bereits zu sehen, die Du erleben willst. Wenn Du einen entfernten Ort aufsuchen willst, stelle Dir vor, bereits dort zu sein, und der Weg dorthin wird sich öffnen. Wenn Du geeignete Freunde und Mitarbeiter anziehen willst, stelle Dir vor, in ihrer Gesellschaft zu sein, und sie werden Dich finden. Jeder realistische Wunsch hat die Struktur und die Energie in sich, sich zu entfalten und zu verwirklichen. Wenn Du von etwas Sinnvollem träumst, ein lohnendes Ziel hast, werden die dafür nötigen Menschen und Mittel auf harmonische Weise zusammenkommen. Wir schaffen uns selbst Grenzen, indem wir uns mit unbedeutenden Gedanken abgeben. Wir befreien uns, wenn wir uns der Güte des Universums öffnen. Was möchtest Du tun? Was ist das, wozu Du Dich berufen fühlst, für Dich und andere zu tun? Du mußt es nur klar definieren, an seine Wirklichkeit glauben und Dich für das Potential des Lebens öffnen.

Was würdest Du tun, wenn alle Dinge möglich wären?

Was würdest Du in diesem Augenblick tun, wenn Du genug Geld, Mittel, Talente und Fähigkeiten hättest, um Dich zu verwirklichen und ein sinnvolles Projekt in die Tat umzusetzen? Mache eine Liste von den Dingen, die Du wirklich tun möchtest, wie Du damit anfangen und wann Du damit fertig werden willst. Gehe mit Deiner Vorstellung so weit Du kannst, um die Pläne zu entwerfen. Es sind Träume wahr geworden, die völlig unmöglich schienen. Treibe dieses Spiel, um Dich selbst zu überzeugen und öffne die Fenster Deines Gemüts, das Potential Deiner Seele, um festzustellen, welche erweckende Wirkung es auf Dich ausübt. Vielleicht sind Deine Träume nur für Dich selbst wichtig. Vielleicht sind sie auch wichtig für andere. Eines ist sicher, je mehr wir um unsere Beziehung mit dem Leben wissen, und je mehr wir auf die Neigung des Lebens zur Entfaltung eingehen, umso mehr sind wir auf dem Weg des vorherbestimmten Guten.

Vielleicht erreichst Du nicht alle Deine Ziele. Vielleicht änderst Du später Deine Pläne. Vielleicht wirst Du auf Grenzen und Hindernisse stoßen, weil Du Deiner Zeit voraus bist. Es ist belanglos. Je mehr Du erwachst und die Kraft in Dir benutzt, umso glücklicher wirst Du sein, und umso näher bist Du Deinem Potential gekommen.

MERKE:

1. Gedeihst Du, blühst Du auf, und bist Du erfolgreich?
2. Kooperiere mit der Neigung des Lebens in Richtung Erfüllung.
3. Öffne Dich Deinem Guten dort, wo Du Dich gerade befindest.
4. Sei diszipliniert in jedem Bereich und Aspekt Deines Lebens.
5. Sorge für das Wohlergehen Deiner Familie und Deiner Freunde.
6. Bringe Deine finanziellen Angelegenheiten in Ordnung.
7. Freue Dich am Glück und Erfolg der anderen.

Plan zur Zielverwirklichung
WOHLSTAND

Ziel oder letztendlicher Zweck:

Bejahe: *,,Ich vollende meine Zwecke und erreiche meine Ziele durch intelligentes Engagement und mit Gottes Hilfe."*

Schritte zur Verwirklichung:

Eventuelle Hindernisse oder Begrenzungen:

Lösungen und Handlungsabläufe:

Bejahe: *,,Ich erkenne Lösungen, gehe diese Schritte zur Verwirklichung und erreiche meine gesteckten Ziele."*

Was erwarte ich als Ergebnis dieses Planes zur Verwirklichung:

Verwirklicht:_____ Datum:_____

Verwirklicht:_____ Datum:_____

Verwirklicht:_____ Datum:_____

Notiere Ausführungen und Vollendungen kurzfristiger und langfristiger Ziele. Benutze leere Seiten dieses Buches oder ein zusätzliches Notizbuch, um Ziele zu planen und Ergebnisse zu notieren.

Richtlinien zur Verwirklichung

Akzeptiere ohne Vorbehalt, daß es die natürliche Neigung des Lebens ist zu gedeihen, aufzublühen und erfolgreich zu sein. Akzeptiere ohne Vorbehalt, daß es Dir bestimmt ist zu gedeihen, aufzublühen und erfolgreich zu sein. In jeder Hinsicht zu gedeihen ist natürlich, nicht zu gedeihen ist unnatürlich. Stimme Dich ein auf den natürlichen Antrieb des Lebens und gedeihe in jeder Hinsicht. Sei im Bewußtsein des Gedeihens verankert. Erprobe Dich selbst, indem Du alles tust, was Du tun möchtest, um Wohlergehen zu erreichen. Vertraue dem Leben. Vertraue der Gesetzmäßigkeit des Gemüts und des Bewußtseins. Vertraue der Natur. Gib Furcht vollständig auf und lebe allein im Vertrauen. Mache klugen Gebrauch von den Dir zur Verfügung stehenden Mitteln und sei offen für den Strom, der aus dem unerschöpflichen Ozean des unmanifestierten Bewußtseins hervorgeht. Warte nicht auf eine zukünftige Zeit, um die Grundsätze des Wohlergehens in die Tat umzusetzen. Das Potential ist in Dir. Laß dieses angeborene Potential in all Deinen Lebensbereichen zum vollen Ausdruck kommen.

Zur Betrachtung und Verwirklichung:

,,Ohne an Dinge verhaftet zu sein, ohne Furcht, mit der Substanz dieser Welt umzugehen, lebe ich vertrauensvoll in Harmonie mit den Gesetzen des Wohlergehens. Ich mache weisen Gebrauch von den Mitteln, die mir zur Verfügung stehen, während ich offen bin für die Güte des Lebens. Ich bin mir voll darüber klar, daß das Leben mir auf meiner Ebene der persönlichen Bedürfnisse begegnet, zur rechten Zeit und immer in Überfluß. Während ich zunehmenden Wohlstand in meinem Leben erfahre, segne ich andere in ihren Erfahrungen des Wohlergehens.''

Notizen für Pläne und Projekte

,,Ihr seid das Licht der Welt. Eine Stadt, die auf einem Berge liegt, kann nicht verborgen bleiben, noch zündet man ein Licht an, und setzt es unter einen Scheffel, sondern man setzt es auf einen Leuchter, damit es allen im Hause leuchte. Laßt euer Licht vor allen Menschen leuchten, damit sie eure guten Werke sehen und euren Vater preisen, der in den Himmeln weilt.''

Matthäus 5, Vers 14-16

,,Je weiser und mächtiger der Meister, umso unmittelbarer das Werk, das er schafft und umso einfacher.''

Meister Eckehart

,,Wenn ich die Himmel sehe, das Werk Deiner Finger, den Mond und die Sterne, die Du befestigt hast; was ist der Mensch, daß du seiner gedenkst? Und der Sohn des Menschen, daß du dich seiner annimmst? Du hast ihn wenig niedriger gemacht als Gott und ihn mit Herrlichkeit und Ehre gekrönt. Du hast ihn zum Herrn gemacht über das Werk Deiner Hände. Du hast ihm alles zu Füßen gelegt.''

Psalm 8, Vers 3-6

X

Die Welt ist ein besserer Ort, weil es Dich gibt

Du bist außerordentlich wichtig für die Gesundheit und das Wohl der Welt, und ich hoffe, Du weißt und akzeptierst das. Wer Du auch bist, und wo Du Dich auch aufhältst auf dem Planeten Erde, von welcher Herkunft Du bist und von welcher Farbe Deine Haut ist, welchen Glauben und welchen Beruf Du auch hast, Du bist ein guter Mensch und die Welt ist besser, weil es Dich gibt. Segne Dich selbst und jeden Mann, jede Frau und jedes Kind, mit dem Du in dieser Erkenntnis Dein Leben teilst. Segne Dich und die Welt mit dem Wissen, wie lebenswichtig Du für den ganzen Evolutionsprozeß bist.

Sollten Dir diese Gedanken neu sein und Deine Bedeutung für den Evolutionsprozeß Dein Fassungsvermögen übersteigen, dann sei Dir bewußt, wie Du auf den kleineren Kreis Deiner Familie, Deiner Freunde und Mitmenschen einwirkst und Einfluß ausübst. Jeder konstruktive Gedanke, den Du hegst, jedes aufmunternde Gefühl trägt zum Wohl Deiner Mitmenschen bei. Darüber hinaus erstreckt sich Dein schweigender Einfluß bis zu den kleinsten Einheiten der Materie und bis zu den entferntesten Galaxien. Es gibt keinen Gedanken und kein Gefühl, ob groß oder klein, mit dem Du nicht das ganze Universum beeinflußt. Das elektromagnetische Feld in dem Raum, in dem Dein Körper sich jetzt aufhält, ändert sich mit jedem Augenaufschlag. Dies ist bereits von Wissenschaftlern mit besonderen Instrumenten nachgewiesen worden.

Wenn Du glücklich bist, ist die Welt glücklicher durch Dich. Wenn Du traurig bist, reagiert die Welt auf Deine Traurigkeit. Wenn Du gesund bist, wird die Welt gesünder durch Dich. Wenn Du krank bist, ist die Welt in größerer Sorge. Wenn Du erleuchtet bist, ist die Welt heller. Wenn Du nicht erleuchtet bist, geht die Welt weiter in ihrem Kreislauf von Gegensätzen und Neigungen, um Angelegenheiten auf das schließliche Ziel hin zu ordnen.

Ich könnte tausend und mehr Quellen nennen, um dieses Thema zu unterstreichen. Ich würde nur wiederholen, was schon so oft und auf ausgezeichnete Weise gesagt worden ist. Kein Mensch ist eine Insel. Wir sind alle eine Familie. Das Universum ist ein organisches Ganzes. Kein Spatz fällt vom Himmel, ohne daß Gott es weiß. „Jedesmal, wenn die Rechtmäßigkeit am Schwinden ist und die Unrechtmäßigkeit sich erhebt, greife ich (Gott) ein, um die Tugend wieder zu erneuern." Es scheint bedeutungslos zu sein, von wem das gesagt wurde. Es ist immer die Intelligenz hinter dem Lebensprozeß, die zu uns spricht. Manchmal kommen die Worte in unser Gemüt wie Musik. Manchmal sind sie beinahe schroff in ihrer Kürze. Es ist immer dasselbe Wesen, das zu uns spricht und dasselbe Wesen, das zuhört und antwortet, und das Ergebnis ist Schönheit und Erkenntnis.

Warum sagen wir es dann erneut, wenn es schon so oft gesagt worden ist? Weil, so wird erklärt, durch die Wiederholung der Wahrheit die Worte aufgefrischt und auf neue Weise denselben Ohren oder auf dieselbe Weise neuen Ohren dargebracht wird. Und wie nötig haben wir es doch oft, auf das, was vor unseren Augen liegt, hingewiesen zu werden, bevor der Funke in uns zum Feuer wird. Ein paar Schläge genügen oft noch nicht, das Metall so weich zu machen, daß man es bearbeiten kann. Aber nach wiederholten Versuchen wird das Metall schließlich geschmeidig, so daß das Erwünschte verwirklicht werden kann. Wir können nicht genau wissen, welcher Hammerschlag die größte Wirkung erzielt hat und wann der Augenblick eintrat, wo das formlose Gebilde ein Kunstwerk wurde. Wir können nicht sagen, welches Wort, welche Einsicht, welch flüchtiger Gedanke oder welche unbedeutende Entscheidung den Unterschied in unserem Leben herbeigeführt hat. Aber wir müssen durchhalten. Wir müssen unseren Weg des Erwachens fortsetzen, bis wir Vollendung erreicht haben.

Es wird niemals jemanden anders geben, der genau so ist wie Du. Als Du in die Welt geboren wurdest, geschah etwas Einzigartiges. Niemand hat jemals zuvor Deine Gedanken gehabt. Kein Mensch hat jemals Deine Gefühle empfunden, Deine Träume geträumt, auf das Leben geantwortet, wie Du es getan hast. Nichts, was Du je getan hast oder tun wirst, kann jemals genau wiederholt werden von einem anderen. Niemand hat je geliebt, wie Du geliebt hast, und niemand wurde geliebt, wie Du geliebt wurdest.

Siehst Du, was für ein besonderes Wesen Du bist? Aus dem größeren Ozean des Lebens bist Du in Erscheinung getreten. Du gehst Deinen persönlichen Weg. Wenn Dir Dein persönlicher Weg bewußt wird, verlasse ihn nicht, denn Dein Weg ist der Weg der Bestimmung. Es ist gut, Bestätigung von anderen zu haben. Es ist noch besser, die innere Bestätigung der Seele zu haben, die Dir sagt, daß Du an dem richtigen Platz im Leben bist, und daß Du auf dem rechten Wege bist, während Du Deine vorherbestimmten Kreise ziehst.

Wärst Du nicht auf die Welt gekommen, wäre die Welt nicht das, was sie ist, denn Du hast eine Veränderung hervorgerufen. Du wirst weitere Veränderungen hervorrufen, wenn Du Dich entfaltest, ausdehnst und zur Befreiung des Bewußtseins fortschreitest. Was für eine zukünftige Veränderung möchtest Du in die Welt bringen? Stelle Dir selbst diese Frage und beantworte sie aus den Tiefen Deines Wesens.

Was Du getan hast, ist getan, und wie Du zur Welt in Beziehung getreten bist, so bist Du zu ihr in Beziehung getreten. Was Du tun wirst, und wie Deine Beziehung zu Deiner erwachenden Welt sein wird, bleibt Dir überlassen.

ICH AKZEPTIERE *JETZT* ERFÜLLUNG

Bleibe für Dich und meditiere, bis Du inneren Frieden erfährst. Lies das Folgende ohne Eile oder Beklemmung. *Wisse, fühle und bejahe die Wahrheit über Dich selbst.* Denke daran, daß Gott Dein Gefährte im Abenteuer des Lebens ist. Du bist dazu bestimmt, Erfüllung und vollkommenes Verstehen zu erreichen. Gott hat sich als Du manifestiert, um seine höchsten Eigenschaften und Tugenden zum Ausdruck zu bringen.

Ich akzeptiere *jetzt* **Selbstverwirklichung**
Ich weiß, ich bin eine besondere Einheit des Gottbewußtseins, ausgestattet mit allen Eigenschaften des Göttlichen. Ich übe die notwendige Disziplin, erforsche die Natur des Bewußtseins, meditiere regelmäßig, löse mich aus dem Gefühl des Getrenntseins, um mein größeres wahres Wesen bewußt zu erleben.

Ich akzeptiere *jetzt* **mentale Klarheit und Kreativität**
Ich bin entschlossen, meine Vorstellungen zu lenken, meine Einstellung zu berichtigen, meine Umwelt klar zu erkennen und vollständig mit dem universalen Gemüt zu kooperieren. Ich setze und erreiche sinnvolle Ziele in Harmonie mit den höchsten Idealen.

Ich akzeptiere *jetzt* **emotionales Wohlbefinden**
Ich komme mit vergangenen Erfahrungen, mit Beziehungen und Erkenntnissen ins Reine. Ich lebe auf angemessene und vernünftige Weise in der Gegenwart. Ich sehe der näheren und ferneren Zukunft mit Heiterkeit und in dem Wissen entgegen, daß Gott seine eigene Welt behütet, und daß seine Gnade mich überall begleitet.

Ich akzeptiere *jetzt* **Gesundheit und Vitalität**
Ich bin im Gesundheitsbewußtsein verankert, weil ich weiß, daß wahre Gesundheit und Vitalität von der Seelenebene durch Gemüt und Körper dringt. Ich beachte die Naturgesetze hinsichtlich Ernährung, Bewegung, Ruhe und Befreiung von Streß.

Ich akzeptiere *jetzt* **liebevolle und hilfreiche Beziehungen**
Ich weiß, daß alle Menschen Inkarnationen des Göttlichen sind. Ich tue alles in meiner Macht Stehende, um andere zu lieben und zu unterstützen und erwarte, daß Gott mich in und durch andere Menschen liebt und unterstützt. In allen Beziehungen will ich Gott dienen und es zulassen, daß Gott mir dient.

Ich akzeptiere *jetzt* **Wohlergehen und wahre Erfüllung**
Ich weiß, daß Wohlergehen Gedeihen, Aufblühen und in jeder Weise erfolgreich sein bedeutet. Ich stille wirkliche Bedürfnisse. Ich erkenne menschliche Leiden und heile sie. Ich bin immer offen für das unerwartet Gute, denn Gott begegnet mir auf der Ebene meiner Bedürfnisse zur rechten Zeit und in Überfluß. Ich teile mein Leben und die Fülle des Lebens mit anderen in weiser und großzügiger Art und Weise.

Ich akzeptiere bewußt diese Übereinkunft zwischen Gott und mir und gelobe innerlich, daß ich mein Äußerstes tun werde, um diese Verbindlichkeit einzuhalten.

NACHWORT UND ANMERKUNGEN

Es erscheint mir sinnvoll, die letzten Seiten des Buches dazu zu benutzen, die vorangegangenen Kapitel zu ergänzen und noch einige Ratschläge und Empfehlungen zu geben. Die Reise der Entdeckung ist nicht eher beendet, bis wir vollständig im Gewahrsein der Wahrheit verankert sind.

Man könnte den Eindruck haben, daß die Betonung der Methoden und Verfahrensweisen dazu führen könnte, sich allzu sehr mit Techniken zu befassen und sogar selbstbezogen zu werden. Der Sinn der Methoden liegt darin, den Menschen die Gelegenheit zu geben, innere und äußere Veränderungen hervorzurufen und zu erfahren sowie Wachstum und neue Wahrnehmungen zu ermöglichen. Wenn Disziplinen und Richtlinien weitergegeben werden, muß man sich darüber klar sein, daß alles Gesagte bei einem wirklich bewußten Menschen schon natürlich und spontan geschieht. Ein bewußter Mensch braucht nicht an sich selbst zu arbeiten, um richtig zu handeln und zu reagieren. Ein bewußter Mensch tut automatisch, nicht mechanisch, das, was einer Situation und den Umständen gemäß ist. Ein guter Grund dafür, daß wir uns mit Methoden und Verfahrensweisen befassen, ist der, daß wir oftmals eine Veränderung zum Besseren nötig haben. Wir benötigen oft eine echte Umwandlung. Der Grund dafür ist, daß wir als begrenzte Wesen dazu neigen, auf einem uns bequemen Punkt stehenzubleiben. Doch das Ideal besteht darin, bewußt im Gleichgewicht zu sein. An einer Lebensweise festzuhalten, die hinter dem Ideal zurückbleibt, ist Begrenzung.

Im begrenzten Bewußtsein neigen wir dazu, uns mit Bequemlichkeit und Sorglosigkeit zufriedenzugeben. Wir neigen dazu, uns mit weniger als mit der völligen Verwirklichung unseres Potentials zufriedenzugeben, weil wir ohne Herausforderung leben können, ganz gut zurechtkommen, oder es uns im Vergleich zu dem Standard, der in der heutigen Gesellschaft als normal angesehen wird, recht gut geht. Ich möchte nicht, daß Du Dich damit zufrieden gibst, *normal* zu sein. Ich möchte, daß Du natürlich bist. Natürlich sein heißt, bewußt und voll funktionsfähig zu sein sowie alle Eigenschaften und Fähigkeiten Deines inneren Potentials zum Ausdruck zu bringen.

Leben muß kein Kampf sein. Wie oft haben wir uns gefragt: „Wann hört das endlich auf?", während wir fast an den Grenzen unserer Geduld angelangt waren. Wir brauchen uns nicht mit Schmerz, Leid, Verwirrung, Begrenzung und all den Übeln abzufinden, die vielen im menschlichen Bewußtsein bekannt sind. Einmal wird der große Augenblick kommen, wenn wir von allem erwachen, was nicht mit Freiheit, voller Gesundheit und Funktionstüchtigkeit in allen Bereichen des menschlichen Lebens übereinstimmt. Wir haben Gelegenheit, die Wartezeit abzukürzen. Damit niemand denkt, Veränderung und Umwandlung käme ohne innere Herausforderung zustande, möge er die Lebensbeschreibungen der Heiligen lesen oder auch nur die Lebensbeschreibungen derjenigen, die über den Bewußtseinszustand, der als normal angesehen wird, hinausgegangen sind. Manchmal „brennt es wie die Hölle", die notwendigen Veränderungen durchzuführen. Hölle bedeutet Schmerz und Konflikte, die auf unerleuchtetes Bewußtsein zurückzuführen sind. Himmel ist die Erfahrung von Harmonie, richtigem Handeln, ständiger Entfaltung und das sichere Gefühl von Gnade in unserem Leben.

Es gibt einen hilfreichen und nährenden Einfluß in der ganzen Natur, und wenn dieser in unserem Leben sichtbar wird, sprechen wir von Gnade. In solchen Zeiten sind wir so geöffnet für den Strom des Lebens, daß wir ohne große eigene Anstrengung mitgetragen werden. Vor dieser Erfahrung scheint es, als seien wir beständig damit beschäftigt, irgendwelche Wirkungen zu erzielen und Dinge zu veranlassen. Das führt uns zu einer oft gestellten Frage: „Wie kann ich den Unterschied zwischen meinem persönlichen Willen und dem Willen Gottes feststellen?" Die Antwort auf diese Frage hat die Gemüter seit Jahrhunderten beschäftigt.

In jungen Jahren, in denen wir nach der Erfahrung eines idealen Lebens suchen, machen wir gewiß Fehler in der Beurteilung. Manchmal stellt sich unser Ich in unseren Weg und unsere Ungeduld führt dazu, daß wir allzusehr drängen, selbst wenn es in die richtige Richtung geht. Wir nehmen uns vielleicht mehr vor, als wir zur Zeit handhaben können. Vielleicht sind wir bestrebt, eine Welt zu schaffen, die nur auf unreifen Gedanken beruht. Wir mögen vergessen, daß wir nur Wellen auf dem Ozean des kosmischen Bewußtseins sind, und daß das größere Leben einen Plan und eine Absicht hat, in die wir eingeschlossen sind. Es steht uns nicht zu, Pläne und Ziele zu haben, in die das größere Leben eingeschlossen ist. Damit stellen wir die Dinge auf den Kopf und schaffen uns ein unüberwindbares Hindernis. Mit den Worten eines anderen: „Was nützt es Dir, die ganze Welt zu gewinnen, wenn Du das Wichtigste, weshalb Du hier bist, außer acht läßt?"

Dies ist also die größte Herausforderung: Unseren Platz in dem größeren Plan zu entdecken und unsere Pflicht zu tun, wie es von uns erwartet wird. Wenn es nur darauf ankäme, irgendwie mit dem jetzigen Lebenszyklus fertigzuwerden und das Grab ohne nennenswerte Schwierigkeiten zu erreichen, könnte fast jeder erfolgreich sein. Wir haben nicht mit der körperlichen Geburt begonnen, und wir werden nicht mit dem Ende des Körpers aufhören zu sein. Daher sind wir gezwungen, in weiterreichendem Rahmen zu denken, der auch unsere ewige Natur als spirituelle Wesen einschließt. Dadurch wird für viele neues Licht auf das geworfen, womit wir uns hier beschäftigt haben.

Es würde mir leicht fallen, ein Buch zu schreiben, durch das der Leser dazu inspiriert wird, einigermaßen gesund, glücklich und wohlhabend zu werden. Auch nur teilweise bewußte Menschen können lernen, in der Gesellschaft zurechtzukommen und sich mit den grundlegenden Dingen zu versorgen, um ohne großes Leid zu leben. Millionen in der heutigen Welt sind auf dieser Ebene des Gewahrseins und werden dazu erzogen, daß sie die Grundbedingungen hinsichtlich körperlichen, mentalen und emotionalen Wohlbefindens verstehen. Da das Leben ein organisches Ganzes ist, müssen wir auf das Wohl und den allgemeinen Gesundheitszustand der Menschen achten. Doch da Du dieses Buch liest, genügt es Dir nicht, Dich mit den allgemeinen Bedingungen abzufinden. Du erstrebst das Höchste und Beste, das Dir möglich ist. Du folgst dem Ruf Deines inneren Gewahrseins, ein für alle mal die falschen Überzeugungen der Begrenztheit abzuschütteln.

Sehnen allein genügt nicht, obgleich es eine mächtige Kraft ist. Mit dem Sehnen muß ein bewußter Wille verbunden sein, die notwendigen Änderungen herbeizuführen und das Erwachen und die Entfaltung zu akzeptieren. Wir sind an der Morgenröte des Zeitalters der Erleuchtung und die Kraft der Evolution wirkt mit und durch uns. Alle, die jetzt nach Selbstverwirklichung trachten, haben größere Aussicht auf Erfolg in ihrem Streben. Alle, die jetzt ihren Teil dazu beitragen, werden einen dauernden Eindruck im Gewebe des planetarischen Bewußtseins hinterlassen. Erkennst Du, was für eine wunderbare Gelegenheit sich jetzt für Dich eröffnet? Du hast die Gelegenheit, bewußt teilzunehmen an der größten Veränderungsphase der menschlichen Geschichte. Laß die Gelegenheit nicht vorübergehen, ohne das Beste zu geben, zu dem Du fähig bist.

Wie siehst Du Deine Welt?

Im ersten Kapitel dieses Buches habe ich darüber gesprochen, daß wir dazu neigen, unsere Welt durch unseren mentalen Bildschirm oder unser Vorurteil wahrzunehmen. Wir neigen dazu, nur das zu sehen, was wir sehen wollen, was man uns zu sehen gelehrt hat, oder was gerade am besten mit unseren Absichten übereinstimmt. Ein Versager, zum Beispiel, findet es beinahe unmöglich, Erfolg vorauszusehen. Ein erfolgreicher Mensch dagegen wird keinen Grund haben, nicht an Erfolg zu glauben. Einige Menschen sehen nur das Gute in den anderen. Eine allgemeine Angewohnheit ist, nur das zu sehen, was nicht gut ist. Der eine mag in einer Situation eine günstige Gelegenheit erkennen, wo der andere nur Schwierigkeiten sieht. Die Weisen verschiedener Kulturen haben uns gelehrt, daß die Welt Erscheinung ist und unserer Analyse und unserem Willen unterliegt. Wir können aus einer äußeren Lage fast jede Schlußfolgerung ziehen. Wir können die Lage auch verändern, wenn wir es wünschen. Wir können jederzeit uns selbst verändern und die Art, wie wir das Leben betrachten.

Ein gutes Buch, das man lesen sollte, ist „Stations of the Mind" von William Glasser. Der Verfasser ist bereits bekannt durch frühere Schriften über das Thema der „Realitäts-Therapie", worin er feststellt, daß wir für unser Leben verantwortlich sind. Meiner Meinung nach verdienen alle Werke von Dr. Glasser besondere Aufmerksamkeit.

Klärung eines wichtigen Begriffs

Man sagt, Erleuchtung sei für viele das Ziel auf dem Pfad zur Freiheit. Gibt es Grade der Erleuchtung? Natürlich gibt es sie. Durch jede erlangte Einsicht, erhöht sich bis zu einem gewissen Grad die Erleuchtung. Die Zen–Meister sagen, daß man entweder erleuchtet ist oder Grade von Täuschung erfährt. Wir wollen uns die Sache durch Wortspielerei nicht schwerer machen als sie ist. Wir haben bereits im zweiten Kapitel festgestellt, daß es natürlich ist, erleuchtet zu sein. Wenn wir wahrhaft bewußt sind, sind wir am natürlichsten. Einsicht kann wie ein Blitz eintreten. Einsicht kann auch erfahren werden wie das Licht der aufgehenden Sonne. Das Licht der Seele kann langsam zunehmen, und die Erleuchtung der Seele kann in sanfter Weise an die Oberfläche kommen und zu einer langsam aber beständig größer werdenden Erleuchtung führen.

Es gibt zumindest zwei Fallstricke auf dem Pfad der Erleuchtung. Der eine ist, daß wir glauben erleuchtet zu sein, bevor wir es wirklich sind und in unserer Unreife zwar mit guter Absicht aber ungeschickt mit sichtlichem Ego voranschreiten, das jeder erkennt, nur nicht wir selbst. Die andere mögliche Begrenzung ist, daß wir zwar zu einem befreiteren Leben fähig sind, aber an einem Fetzen von Ich-Bewußtsein festhalten und uns weigern, mit dem Strom der Evolution zu fließen. Wir verneinen unsere eigene Göttlichkeit, weil wir es ablehnen, den letzten Rest von Täuschung aufzugeben. Der Schlüssel zur Freiheit ist, um Führung zu beten und in eine vollständigere Beziehung mit dem größeren Leben zu treten. So können wir die Erfüllung unserer Bestimmung nicht verfehlen. Es kann auch von Vorteil sein, von einem wirklich erleuchteten Menschen, einem Guru, geführt zu werden, aber das ist eine Frage individueller Bestimmung. Der größtmögliche Fehler ist, wie verrückt nach einem Guru zu suchen. Der wahre Guru ist die Intelligenz Gottes, und diese Intelligenz wird uns leiten, damit wir den richtigen Kontakt finden, wenn wir für eine solche Führung aufgeschlossen sind.

Der Beweis wachsender Erleuchtung zeigt sich in mentaler Klarheit, emotionaler Ausgeglichenheit, körperlicher Gesundheit, hilfreichen Beziehungen und einem größeren Maß an persönlicher Freiheit

bei den täglichen Verrichtungen. Selbst wenn wir die Grundsätze
kennen, selbst wenn wir wissen, wie wir leben müssen, können wir
uns einschränken, durch die Furcht, uns zum Ausdruck zu bringen,
durch Unreife, durch Eigennützigkeit und durch begrenzte Einstellungen. Erleuchtung führt zu einem größeren kosmischen Gewahrsein, durch das wir einen klaren und befriedigenden Überblick über
unser Leben und unsere Beziehungen haben.

Die Verbindung von Gemüt und Gehirn

Das Gehirn ist das Organ des Gemüts, mit dem wir zu der Welt,
in der wir leben, in Beziehung treten. Das mentale Feld ist nicht vollständig im Gehirn enthalten, denn wir können mentale Fähigkeiten
auch dann noch benutzen, wenn wir den Körper verlassen haben.
Dies wird uns von den Mystikern gesagt und von gewöhnlichen Leuten bestätigt, die Erfahrungen beim unfreiwilligen Verlassen des Körpers gemacht haben. Weil das Gemüt dem Gehirn überlegen ist, steht
der Grad der Intelligenz, mit dem wir geboren werden, nicht fest. Wir
können zunehmend intelligenter werden, je mehr wir erwachen und
je besser wir funktionieren. Glaube niemals, daß es Dir an der Fähigkeit mangelt, intelligent und voll funktionsfähig zu sein.

Sobald das mentale Feld geklärt ist, die Intelligenz zunehmend
schärfer wird, die Intuition erwacht und das Seelenwesen einflußrei-
cher wird, stellen wir fest, daß wir zu einem unbegrenzten Reich kre-
ativer Möglichkeiten Zutritt haben. Indem wir von inneren Begrenzungen frei werden, werden wir auch freier in unseren täglichen Angelegenheiten.

Es ist sinnvoll, das Gemüt mit Informationen zu füttern und der
Seele die Möglichkeit zu geben, auf jede nur mögliche Weise inspiriert zu werden. Was immer Du liest, siehst oder erfährst, das zur Erweckung Deines Potentials beiträgt, ist hilfreich. Tonbandkassetten
sind ein ungemein hilfreiches Mittel. Videobänder verschaffen noch
den zusätzlichen Reiz der visuellen Aufnahme. Der Erwerb der Informationen ist nur die eine Seite der Sache, der wichtige Teil ist, das
Gelernte in die Praxis umzusetzen. Mache Dir die Informationen zu

eigen, indem Du sie in die Tat umsetzt. Versorge das Gemüt mit Erfolgserlebnissen und es wird ganz natürlich schöpferisch weiterarbeiten.

Imagination und Willenskraft überwindet Hindernisse

Wir sind niemals geschlagen, solange wir die Fähigkeit der Imagination besitzen und nützliche Veränderungen planen. Wir beginnen unser Leben nicht alle mit den gleichen Anlagen. Doch wir haben die innere Fähigkeit, über alle Schranken hinauszuwachsen. Wir können uns Möglichkeiten vorstellen und in sie hineingehen. Wir können uns nötige Unterstützung wünschen und sie heranziehen. Der Wille zum Erfolg weckt schlafende Kräfte und Talente. Sogar Menschen mit körperlichen Mißbildungen können sich umstellen, entwickeln und weit über die menschlichen Erwartungen hinauskommen. Der Schlüssel dazu ist, niemals Einschränkungen zu akzeptieren. Schenke den negativ Eingestellten keinen Glauben. Schließe Dich den Handelnden an. Lebe wie die Gewinner, beweise die Gesetze des Gemüts und Bewußtseins in Deinem persönlichen Leben.

Dich mit anderen zu treffen, die Deine Bestrebungen teilen, kann hilfreich sein. Vielleicht kann eine Gruppe gebildet werden, die wöchentlich zum Studium, zur Diskussion und zur Meditation zusammenkommt. An vielen Orten gibt es Gruppen der Neugeistbewegung, die regelmäßige Programme anbieten. Angeschlossen sind Unity, Freundeskreis von Dr. Joseph Murphy, Science of Mind und Religious Science (gegründet von Ernest Holmes), Gruppen von Seicho–No–Ie (Dr. Taniguchi) und andere. In vielen Gegenden gibt es Yogalehrer, die Kurse anbieten. Was immer Du tun kannst, um das Erwachen und die Verwirklichung Deiner Kräfte in Gang zu bringen, ist nützlich. Wenn Du den Weg, die Disziplin gefunden hast, die Deinen Absichten am besten entspricht, bleibe dabei, während Du den Weg, den die anderen sich erwählt haben, respektierst. Unterschätze nicht die Bedeutung, Deine Ziele, Pläne und Projekte niederzuschreiben. Dadurch wirst Du fähiger, Veränderungen herbeizuführen. Ein sehr häufig begangener Fehler liegt darin, den Erfolg zu vereiteln, indem wir zögern. Benutze die Methoden, die von anderen erfolgreichen Leuten angewandt wurden, bis Du die Ebene des Gewahrseins erreicht hast, auf der Du spontan ohne Richtlinien und Methoden tätig werden kannst.

Kehre zur Quelle der Kraft und Kreativität zurück

Wer sich gesund fühlt glaubt, ohne Körperübungen auszukommen. Ebenso mag derjenige, der sich geklärt und leistungsfähig fühlt, Meditation für überflüssig halten. Halte an regelmäßigen Meditationsübungen fest, auch in Zeiten, in denen Du Dich höchst schöpferisch und leistungsfähig fühlst. Dadurch wird sichergestellt, daß Du für den Strom des Lebens offen und von Streß frei bleibst. Streß kann sich in tieferen Bewußtseinsebenen ansammeln, ohne daß wir es bemerken. Entscheidungen treffen, Ziele planen, Umgang mit anderen, durch alle diese Tätigkeiten entstehen gewisse Herausforderungen und die Möglichkeit, daß wir Streß im Körper und im Nervensystem spüren. Vermeide Streß, indem Du regelmäßig meditierst.

Nach Beendigung der Meditation öffne Dich der Kraft, die das Universum erhält und fühle Dich in Partnerschaft mit dem Universum. Setze Deine Ziele, arbeite Deine Pläne aus und habe Geduld, wenn Geduld erforderlich ist. Lerne, Dich auf die Umstände einzustellen, so daß Du eine angemessene Zeiteinteilung vornehmen kannst. In allen natürlichen Abläufen gibt es Aktivitätszyklen. Stelle Dich darauf ein. Sei geduldig in Zyklen der Ruhe und Vorbereitung und sieh dem Eintreten des Aktivitätszyklus ruhig entgegen. Lies noch einmal das Kapitel über Meditation, damit Du weißt, wie Du meditieren sollst und um Deine Praxis zu überprüfen.

Sich selbst lieben bedeutet, sich selbst zu achten

Die Grundlage emotionaler Gesundheit ist Selbstachtung. Wenn Du wirklich Dein Wesen liebst, wirst Du Konflikte beseitigen und alles tun, was Du kannst, um emotionales Wohlbefinden zu erreichen. Wie kannst Du andere wirklich achten, wenn Du Dich nicht selbst achtest? Wie kannst Du jemals glauben, Glück zu verdienen, wenn Du Dich nicht selbst achtest? Während Du Dich selbst achtest, solltest Du in Beziehung zu anderen vorurteilsfrei sein. Das ist eine der besten Methoden, die ich empfehlen kann, und diese setzt wache Aufmerksamkeit voraus, damit der Prozeß erfolgreich ist. Wer sich selbst achtet, wird niemals etwas tun, wodurch er sich selbst schadet oder zerstört. Wer andere achtet ist zu nichts anderem fähig, als sie zu lieben und zu segnen.

Im achten Kapitel ging es um das Thema der Beziehungen. In vielen Büchern der Weltliteratur wird gesagt: Wer in Arglosigkeit verankert ist, andere Menschen und alle Lebewesen liebt und segnet, wird niemals Leid, Elend oder Unglück erfahren. Der Grund dafür ist, daß das Universum für uns sorgt, wenn wir mit dem Universum auf freundlichem Fuß stehen und uns seinem Einfluß öffnen. Wann immer Du ein Problem in einer Beziehung hast, prüfe Deine innere Einstellung und Deine Gefühle, um festzustellen, ob Du wirklich so liebevoll und hilfreich bist, wie Du sein solltest. Unsere emotionalen Schwierigkeiten sind zu einem großen Teil Folge unserer Selbstsucht. Es ist vollkommen wahr, daß das Leben umso mehr für uns sorgt, je mehr wir von uns an andere geben. Denke niemals, daß Geben und Fördern Dich in irgendeiner Weise geringer machen. Erkenne, daß das Leben andere Menschen und diesen Planeten als Ausdrucksformen seines Selbst durch Dich versorgt. Wenn wir in der richtigen Weise geben, wird uns das Leben mit allem versorgen, was wir brauchen, zur rechten Zeit und im Überfluß.

Öffne Dich dem unbegrenzten Guten

Gut ist, was mit Bewußtsein, Glücklichsein, Gesundheit und Funktionstüchtigkeit übereinstimmt. Alles, was zu Unbewußtheit, Leid, Krankheit und Begrenzung beiträgt, richtet sich gegen den Evolutionsprozeß. Das Leben geht in die Richtung der Erfüllung seiner Ziele. Wir können leicht überprüfen, ob wir mit dem Evolutionsprozeß in Übereinstimmung sind, indem wir feststellen, welcher Art unsere Erfahrungen sind, und was wir von der Zukunft zu erwarten haben, wenn wir in der jetzigen Weise weiterleben. Können wir beim Rückblicken auf die vergangenen Wochen, Monate und Jahre Beweise für Entfaltung und Wachstum feststellen? Sind wir klüger geworden? Ist unser Verstehen umfassender und sind wir erfolgreicher im Erreichen unserer Ziele geworden?

Fühle Dich nicht schuldig, wenn Du Erfolg hast und andere nicht. Du kannst anderen nicht helfen, wenn Du nicht selbst ein ideales Leben führst. Andererseits kannst Du den anderen den Weg zur Erfüllung zeigen, wenn Du selbst die Erfüllung erreicht hast. Man braucht nicht weit zu gehen, um bei Mitgliedern der menschlichen Rasse Armut und Einschränkung zu finden. Es ist natürlich für uns, Erbarmen mit denen zu haben, die weniger vom Glück begünstigt zu sein scheinen. Es ist auch unsere Pflicht, soweit wir können, unseren Brüdern und Schwestern dabei zu helfen, zu erwachen und unabhängig zu werden. Für Weiterbildung zu sorgen, anderen zu zeigen, wie sie sich selbst helfen können, ist das Nützlichste, das wir tun können. Das, was wir in unserem Leben nützlich gefunden haben, wird auch für andere nützlich sein. Denke daran, daß wir allgemeine Gleichheit mit allen teilen, die über den Erdboden wandeln. Wir teilen auch gemeinsames Streben, und wir besitzen alle dasselbe innere Potential. Lasse Dich bei der Unterstützung anderer nicht so leicht entmutigen, wenn sie darauf nicht in positiver Weise antworten. Sie haben die Freiheit, sich zu entscheiden und müssen ihre eigenen Lektionen lernen. Wir sollten unser Bestes für andere tun und dann dem Leben anheimstellen, mit ihnen auf die beste Weise zu verfahren.

Stelle eine psychische Verbindung (eine seelische Verbindung) mit der Substanz dieser Welt her und lerne, weisen Gebrauch davon zu

machen. Wer Dingen gegenüber nicht verhaftet ist und sich von ihnen nicht abgestoßen fühlt, kann im Gebrauch der Dinge objektiv
und intelligent vorgehen. Es gibt einen Grund und ein Ziel für diese
Welt, und es gibt einen Grund und ein Ziel dafür, daß Du in dieser
Welt bist. Finde diesen Grund heraus und mache das Beste aus dieser
Gelegenheit. Eine der besten Gelegenheiten für geistiges Wachstum
ist gerade dort zu finden, wo wir sind.

Es ist nicht allen bestimmt, dramatische Rollen im äußeren Leben
zu spielen. Was uns das Leben bestimmt hat, was wir dem Leben bestimmen, ist die Rolle und der Platz der Bestimmung. Liebe und segne die Gelegenheit, die Du jetzt vor Dir hast, um zu lernen und Dich
zu entfalten. Wenn Du Dich verantwortlich fühlst für das, was Dir
das Leben jetzt zu tun gegeben hat, wirst Du Dich auf das vorbereiten, was das Leben noch für Dich bereithält.

„Es gibt eine Kraft, die dieses Universum lenkt, und wir können lernen, mit ihr zu kooperieren."   Roy Eugene Davis

Wer ist Roy Eugene Davis

Der Autor dieses Buches „Entfalte Dein inneres Potential" begann 1949 seine spirituelle Schulung unter Paramahansa Yogananda und wurde von ihm 1950 eingeweiht. Roy Eugene Davis lehrt seit mehr als 30 Jahren höhere Meditationsmethoden und hält Vorträge über geistige und körperliche Gesundheit an Universitäten, in Kirchen, geistigen Zentren (wie z.B. Unity, Science of Mind und Religious Science), bei Yoga-Konferenzen und Kongressen der Internationalen-Neugeist-Bewegung (INTA). Er ist Autor vieler Bücher, die auf die Fragen der Zeit inspirierende Antworten geben und die international verbreitet sind. Außerdem leitet Davis das „Center for Spiritual Awareness – CSA – " in Lakemont/Georgia USA. Er gibt ein Magazin heraus (TRUTH Journal), das seit Oktober 77 auch in deutsch als CSA Magazin erscheint.

Davis lebt was er lehrt. Jeder, der mit ihm in Kontakt kommt, macht die Erfahrung, daß er niemanden beeinflußt oder persönlich an sich bindet. Sein ganzes Bemühen dient der Entfaltung seiner Schüler und aller Suchenden, die an seinen Seminaren teilnehmen oder seine Bücher lesen. Er regt nur an und greift nicht in ihr Leben ein. Seine einzige Absicht und die von CSA ist, jeden Suchenden zu motivieren, als frei Lebender in einem offenen Universum seine persönliche Bestimmung zu erfüllen und sich an seinem richtigen Platz in diesem Leben voll seinen Aufgaben zu stellen.

Davis läßt die Menschen, die mit ihm zusammenarbeiten möchten, von selbst auf den Plan kommen und manipuliert sie nicht. Er führt jeden ernsthaft Strebenden zur inneren Einsicht „wer er ist, woher er kommt und wohin er geht."

Was sind die Ziele von CSA-Europa, Centrum für Selbst-Aktivierung e.V.?

Unter der geistigen Leitung von Rosemarie Schneider haben es sich die CSA-Centren in Europa zur Aufgabe gemacht, zweckmäßige Informationen für ein natürliches und gesundes Leben anzubieten und damit den Menschen zu dienen.

Zweck des gemeinnützigen Vereins ist die Volksbildung hinsichtlich Verbesserung geistiger und körperlicher Volksgesundheit. Das wird insbesondere durch Vorträge, Informationsveranstaltungen und Veröffentlichungen erreicht.

Auf Anfrage erhalten Sie gerne kostenlos:

- Das *CSA Magazin* für ein gesundes und erfülltes Leben mit hilfreichen Anleitungen und Ermutigungen, Mitteilungen über Vorträge, Seminare und CSA-Freundeskreise sowie Buchbesprechungen und -empfehlungen.
- Die Fibel „31 schöpferische Gedanken und Themen zur täglichen Kontemplation"
- Die Fibel „Unsere erwachende Welt"

Bei Bestellung mehrerer Fibeln, bitten wir einen Beitrag in Höhe von DM 2,– pro Fibel zuzüglich Porto der Bestellung beizufügen.

CSA Europa
Centrum für Selbst-Aktivierung e.V.
Kaiser-Friedrich-Promenade 87, D-6380 Bad Homburg
Tel. 06172–26034

Weitere Bücher des Autors in deutscher Ausgabe:

Die Macht der Seele, erlebte Wirklichkeit   ISBN 3-922 779-03-4

Einfache Einführung in die Meditation   ISBN 3-922 779-04-2

Wahrheitsstudien   ISBN 3-922 779-05-0

Gesundheit, Heilung und erfülltes Leben   ISBN 3-922 779-00-X

Enthüllungen verborgener Lehren Jesu   ISBN 3-922 779-01-8

So kannst Du Deine Träume verwirklichen
Die Technik der Schöpferischen Imagination   ISBN 3-922 779-02-6

Bhagavad-Gita – Eine göttliche Offenbarung
Einführung und Kommentar   ISBN 3-922 779-06-9

Bewußte Unsterblichkeit
Erleuchtung als reale Erfahrung   ISBN 3-922 779-07-7

Weitere Bücher des Verlags CSA:

von Ernest Holmes:

Der Schlüssel zu Deinem wahren Wesen   ISBN 3-922 779-08-5

Der Schlüssel zum wahren Leben   ISBN 3-922- 779-09-3

Alle Bücher sind durch den Buchhandel erhältlich oder direkt von den CSA – Bücherstuben:

CSA – Bücherstube
Kaiser-Friedrich-Promenade 87, D-6380 Bad Homburg
Tel. 06172–26034

in Österreich von:
CSA – Bücherstube
Waaggasse 8/10, A-1040 Wien
Tel. 0222–561774

in der Schweiz:
CSA – Bücherstube
Heinz und Marianne Stöckli
Wilstraße 33/10, CH-6370 Stans-Oberdorf
Tel.041–614761

Bücher des Autors in englischer Ausgabe:

An Easy Guide to Meditation ')
Creative Imagination ')
Studies in Truth ')
This is Reality ')
Hidden Teachings of Jesus Revealed ')
Health, Healing and Total Living ')
Bhagavad-Gita ')
Conscious Immortality')
The Potential is within You')
Time, Space and Circumstance
Darshan
Yoga Darsana
Path of Soul Liberation
Way of the Initiate
Miracle Man of Japan (Dr. Taniguchi)
With God we can
The Teachings of the Masters of Perfection
Freedom is now

') bereits in deutsch erhältlich

Wahrheitsstudien

Dieses Buch ist eine wertvolle Anleitung, die geistigen Prinzipien im täglichen Leben mit Erfolg anzuwenden. Dieses Buch ist für den Wahrheitssuchenden genauso verständlich und hilfreich wie für den Fortgeschrittenen, der von nun an im Meisterbewußtsein leben möchte.

In diesem Buch beschreibt Davis den geistigen Pfad vom Beginn des Suchens bis ins Meisterbewußtsein.

144 Seiten, Paperback ISBN 3-922 779-05-0

Einfache Einführung in die Meditation

Mit diesem Buch erlernst Du eine einfache Methode, die Dir hilft, Dich von Spannung und Streß zu befreien, Bewußtsein zu entfalten und Dich besser zu konzentrieren. Du findest Methoden, Techniken und praktische Anleitungen, die Dich ermutigen, der Mensch zu sein, zu dem Du bestimmt bist.

Wer noch nie meditiert hat, wird nach dem Lesen des ersten Kapitels dazu fähig sein. Für bereits in der Meditation erfahrene Leser wird dieser Leitfaden jedes noch vorhandene Mißverständnis klären, jede noch offene Frage beantworten und eigene Erfahrungen vertiefen.

88 Seiten, Paperback ISBN 3-922 779-04-2

Gesundheit, Heilung und erfülltes Leben

Zur Natur des Menschen gehört die innere Kraft, sich zu entwikkeln und Gesundheit, Wohlergehen und schöpferische Fähigkeiten vollen Ausdruck zu geben. Das Buch enthält nützliche und oft einzigartige Anleitungen, diese Ziele zu erreichen.

Im Vorwort zu diesem Buch schreibt Dr. med. Adolf Dippel: „Das von Davis übermittelte Wissen gründet sich auf Beobachtung, auf Erfahrung wie auf alte Tradition und bewahrt dabei doch unverminderte Aktualität. Es betont die Bedeutung der zentrierten Ruhe, die Ausgeglichenheit zwischem dem Körperlichen und den damit verwobenen Bereiche der Empfindungen und Gedanken. Solches Gleichgewicht ermöglicht Stille und innere Ordnung. Es schafft die Grundlage für ein heiteres, harmonisches Leben. Dann kann aus Gleichgültigkeit oder Hast der Gleichmut und aus dem Ernst das Lächeln wachsen, ein Lächeln, das nur in einer bewußten und unbefangenen Art, die Gegenwart zu genießen, gedeihen kann.

Wer dieses Buch nicht nur aufmerksam liest, sondern das ihm Gemäße auch praktiziert, braucht nicht um Glück zu ringen, nicht zu hoffen. Es kommt leise und von allein."

144 Seiten, Paperback   ISBN 3-922 779-00-X

Die Macht der Seele, erlebte Wirklichkeit

In diesem Buch finden wir Erklärungen über die Natur des Bewußtseins. Wir begreifen den Weltzusammenhang und sehen die Dinge, wie sie wirklich sind. Dieses Buch ist von größter Wichtigkeit für jeden Wahrheitssuchenden. Die Menschheit hat einen Punkt größerer Bewußtseinsentfaltung erreicht und die feineren Wahrheiten können heute leichter begriffen werden. Manche mögen über die Freimütigkeit erstaunt sein, mit der Davis in diesem Buch Dinge offen ausspricht, die bisher geheim gehalten wurden. Er hält jedoch die Zeit für gekommen, dieses Wissen einem größeren Kreis zugänglich zu machen. Wir leben in einem aufsteigenden Zyklus, und so ist es an der Zeit, Unwissenheit und Aberglauben zu überwinden.

Davis gibt in diesem Buch höchst direkte und genau formulierte Anleitungen zur Erlangung von Bewußtseins-Erleuchtung. Alles ist so angeordnet, daß der Übende den Ausführungen zu folgen vermag und versteht, was sich Schritt für Schritt ergibt. Wir erlernen die Konzentration und wie sie geschult werden kann. Von da gehen wir weiter zur Befreiung des Bewußtseins und zur Erkenntnis des Wesens der Seele. Auf diesem Wege wird unsere innere Kraft geweckt, und was wir Persönlichkeit nennen, erfährt in Anpassung an den höheren Sinn des Lebens eine Umformung und Wandlung. Tatsächlich handelt es sich bei unserem ganzen Bemühen um eine Arbeit von *innen nach außen*.

Der Erfolg dieser Arbeit ist die grundlegende Voraussetzung dafür, daß die innere Macht erwacht und ungehindert ihren Weg nehmen kann. Dadurch wachsen wir von selbst über alle Schwierigkeiten hinaus, und unser Tun wird sich immer zum Besten aller auswirken. Unser Ego (Gefühl des Getrenntseins) nimmt ab und unser wahres Wesen tritt auf den Plan.

Wer die Regeln dieses Buches befolgt, wird frei von Leid.

200 Seiten, Paperback   ISBN 3-922 779-03-4

So kannst Du Deine Träume verwirklichen
Die Technik der Schöpferischen Imagination

Viele Leser nennen dieses Buch ein Wunderbuch, weil es ihnen zu Gesundheit, zu besseren zwischenmenschlichen Beziehungen, zu größerem Wohlergehen und sogar zu einer willkommenen Entfaltung des Bewußtseins verholfen hat. Das ist keine Überraschung für den Autor, weil er selbst seit Jahren täglich mit diesen Methoden und Prinzipien arbeitet, und weil er weiß, daß die Gesetze des Bewußtseins genau und zuverlässig sind.

Durch willentliche Kontrolle seiner gedanklichen Einstellung und seines Bewußtseinszustandes kann der Mensch seine Verhältnisse und sein Schicksal ändern.

Ziele geben unserem Leben eine Richtung, wie auch vernünftige Absichten und Vorsätze. Wir lernen, klar zu denken und werden fähig, Entscheidungen zu treffen. Mit diesem Buch lernen wir Ziele zu setzen und auch zu erreichen.

Die verbesserte und erweiterte Ausgabe eines der populärsten und ergebnisreichsten Bücher, das jemals einem Leserpublikum angeboten wurde. Seit vielen Jahren in Amerika und Japan ein Bestseller.

112 Seiten, Paperback   ISBN 3-922 799-02-6

Enthüllungen verborgener Lehren Jesu

Hier gibt der Autor eine mystische Erklärung der Lehren Jesu, basierend auf dem Johannes-Evangelium in der deutschen Übersetzung nach der Luther-Bibel.

In seinem Vorwort sagt Dr. habil. Hans Endres: „Es ist erstaunlich, mit welcher Gründlichkeit und Verantwortlichkeit Roy Eugene Davis diese schwierige Materie behandelt und damit beweist, daß er die christliche Religionsgeschichte und Religionsphilosophie ebenso beherrscht wie die hinduistische und buddhistische."

80 Seiten, Paperback   ISBN 3-922 779-01-8

Bhagavad-Gita
Eine göttliche Offenbarung

Einführung und Kommentar

Die Bhagavad-Gita ist Indiens meistgelesenes Buch. Es stellt sich die Frage, ob die darin enthaltene Botschaft für die Menschen von heute bedeutsam ist. Die Antwort ist einfach: Die Bhagavad-Gita ist eine universale Heilige Schrift mit einer zeitlosen Offenbarung. Und da sie sich mit sämtlichen Aspekten des menschlichen Lebens befaßt, Aufschluß gibt über die wahre Wirklichkeit, über das wahre Wesen der Seele, über die Ursache der Identifikation des Menschen mit der Welt und den Weg zu vollkommener Freiheit, ist sie von höchster Wichtigkeit gerade für unsere Welt und unsere Zeit.

Der Autor meint, daß es wenig Nutzen brächte, den Kommentaren früherer Autoren, die sich auf gemeinverständliche wie wissenschaftliche Weise mit der Gita befaßt haben, einen weiteren hinzuzufügen. Deshalb lag ihm daran, einen zuverlässigen Text für das tägliche Studium zu schaffen, einen Wegweiser für die suchende Seele durch den Irrgarten menschlicher Gedanken und Gefühle.

Roy Eugene Davis wünscht jedem Leser dieses Buches ein offenes Herz, um die höchste Wahrheit zu erfassen.

156 Seiten, Paperback ISBN 3-922 779-06-9

Bewußte Unsterblichkeit

Erleuchtung als reale Erfahrung

Dieses Buch ist ein weiteres Werk von Roy Eugene Davis, das durch die Klarheit des Autors und seiner umfassenden Kenntnis der Zusammenhänge des Lebens außerordentlich ermutigt, mit Freude auf dem geistigen Pfad ohne Unterlaß voranzuschreiten, bis wir die Befreiung des Bewußtseins erreicht haben. Immer siegt die Kraft und Intelligenz der Seele über die Herausforderungen des Lebens, Gemüt und Bewußtsein zu klären. Zu dieser Aufgabe und zum Studium dieses Buches wünscht CSA Europa jedem Leser zunehmend geistiges Erwachen, damit alle bei ihrem Übergang auf ein sinnvolles Leben dankbar zurückschauen können.

Dies ist kein Lehrbuch; es ist ein von Inspiration zur Handlung anleitendes Buch. Der Autor hebt klar die Wahrheit hervor, daß Du auf der tiefsten Ebene Deines Seins bereits erleuchtet bist. Du warst erleuchtet, Du bist jetzt erleuchtet, Du wirst immer erleuchtet sein. Er anerkennt Dein ewigwährendes wahres Wesen.

168 Seiten, Paperback ISBN 3-922 799-07-7

Der Schlüssel zu Deinem wahren Wesen

Dieses neue deutschsprachige Werk des Autors befaßt sich mit moderner spiritueller Psychologie in bezug auf die Beziehungen des Individuums zum Leben. Ernest Holmes spricht den Leser direkt an und bringt Klarheit durch viele eingehende Erläuterungen. In jedem Kapitel bringt der Autor über mehrere Seiten Inspirationen und Kontemplationen für heilsame Selbsthilfe in allen Lebensbereichen, die der Leser sofort anwenden kann.

160 Seiten, Paperback   ISBN 3-922 779-08-5

Der Schlüssel zum wahren Leben

Ernest Holmes hat den Neugeist damit bereichert, daß er der Kontemplation und dem Gebet eine bestimmte Form gegeben hat. Mit der Ausübung derselben kann der Mensch seine äußeren Verhältnisse gestalten lernen, anstatt sich von Bedingungen beherrschen zu lassen. Ausgewählt, sorgfältig bedacht und erprobt, auf den Lehren Jesu und anderer großen geistigen Führern basierend, bringt dieses Buch praktische Anleitungen für richtige Anwendung des Glaubens, wodurch der Mensch Probleme gleich welcher Art direkt, einfach und erfolgreich lösen kann.

Der Autor war einer der bedeutendsten Lehrer der religiösen Wissenschaft und Philosophie seit William James. Mutig erklärt er in diesem Buch, daß der Mensch seit Jahrhunderten den Wagen vor das Pferd gespannt hat, daß er in Armut, Krankheit, Unwissenheit oder Unglück nicht hilflos ist, sondern mit diesem klaren und einfachen Gedankenschema und Glauben Herrschaft über Mißstände gewinnen und somit ins Gegenteil umkehren kann: in Gesundheit und Wohlergehen. Wer den Glauben und die Gesetzmäßigkeit des Denkens erproben will, sagt Holmes, gewinnt Herrschaft über sein Leben.

160 Seiten, Paperback   ISBN 3-922 779-09-3